Wir danken für freundliche Unterstützung:

Agenda-Büro der Stadt Calw

BÖRLIND
Gesellschaft für kosmetische Erzeugnisse mbH, Calw-Altburg

Kreisfrauenbeauftragte im Landkreis Calw

Impressum

HerausgeberInnen:
Projektgruppe „Frauengeschichte in Calw"
und Große Kreisstadt Calw
Redaktion:
Beate Ehnis, Irene Ferchl, Marina Lahmann
Gestaltung und Satz:
Layout Design Völlnagel
Druck:
Druckhaus Weber GmbH, Althengstett

Zweite, aktualisierte Auflage
Oktober 2003

© bei den Autorinnen

ISBN 3-9806875-4-6

FRAUENWEGE DURCH CALW

Spaziergänge und Lebensgeschichten

Vorwort

Ein Stadtführer auf den Spuren der Frauen durch Calw – die erste Reaktion ist meist Verwunderung, und dann kommt die Frage: Gab es denn überhaupt berühmte Frauen? Natürlich gab es sie, doch die weibliche Seite der Geschichte wird meist vergessen, verschwiegen, unterschlagen – vielleicht weniger aus böser Absicht als vielmehr aus Ignoranz und einem zu engen Verständnis von Berühmtheit.

Um die in Calw wie in fast jeder Stadtgeschichte vorhandenen Lücken zu schließen, muss nach Leben und Leistungen der Frauen in Geschichte und Gegenwart gesucht und diese dokumentiert werden. Dazu haben wir das Projekt „Frauengeschichte" ins Leben gerufen, uns in anderen Städten und Gemeinden nach vergleichbaren Aktivitäten umgesehen und dann im Frühjahr 2000 zusammen mit einer Gruppe interessierter Bürgerinnen die Arbeit aufgenommen.

Zum einen galt es, noch den dürftigsten Quellen nachzuspüren, in Archiven und Bibliotheken zu recherchieren, um vergessene Biografien zu rekonstruieren, zum anderen ging es darum, Zeitzeuginnen zu befragen, denn noch vorhandenes Wissen sollte nicht wieder spurlos verschwinden.

Wir stießen bei den Calwer Bürgerinnen und Bürgern auf große Bereitschaft zu Gespräch und Mitarbeit, wofür ihnen herzlich

gedankt sei. Unterstützung fanden wir bei der Stadtverwaltung, der Volkshochschule und dem Stadtarchiv.

Mit dem Stadtführer *Frauenwege durch Calw* legen wir nun ein erstes Ergebnis unserer Arbeit vor, auf das wir nicht wenig stolz sind. Denn selbst wir hätten am Anfang nicht für möglich gehalten, eine so große Zahl bemerkenswerter Frauen zu finden und vorstellen zu können. Bemerkenswert im Sinne des Wortes sind für uns die Schriftstellerinnen und Unternehmerinnen, Beginen und Missionsbräute, die Stadträtin und die Mäzenin, die Visionärin und die Schauspielerin, aber durchaus auch die Frauen, die aufgrund ihres Geschlechts zu Opfern wurden.

Beate Ehnis · Irene Ferchl · Marina Lahmann

Projektgruppe „Frauengeschichte in Calw" im Foto v.l.n.r.: Angelika Riemer, Judith Koch, Anita Blaich, Michaela Hoßfeld, Hildrun Bäzner-Zehender, Marina Lahmann, Irene Ferchl und Beate Ehnis. Nicht abgebildet: Angela van Beuningen, Marianne Lüdtke, Juliane Oppel-Netter, Barbara Volle und Silke Weber.
Im April 2002

Nach ihrer erfolgreichen Präsentation waren die Frauenwege durch Calw *in kürzester Zeit vergriffen. Die positive Resonanz ermutigt uns, eine zweite, nur minimal geänderte Auflage herauszugeben. Seit Sommer 2002 werden auf unsere Initiative hin in Calw fünf Frauen mit Hinweistafeln an Gebäuden besonders gewürdigt – ein weiterer Schritt, Frauengeschichte im öffentlichen Bewusstsein zu verankern.*

Beate Ehnis · Marina Lahmann, Oktober 2003

Marie Hesse
(1842 – 1902)

Missionarin, Lehrerin, Autorin

Die Mutter Hermann Hesses war eine engagierte Missionarin und die erste Lehrerin an einer öffentlichen höheren Schule Württembergs.

„Von der Mutter habe ich die Leidenschaftlichkeit des Temperaments geerbt, die heftige, sensationslustige Phantasie, außerdem die musikalische Begabung", notierte Hermann Hesse nach ihrem Tod.

Geboren ist Marie Gundert am 18. Oktober 1842 in Talatscheri / Südindien als Tochter der Missionare Hermann Gundert und Julie, geborene Dubois, aufgewachsen als „Missionstöchterlein" bei Pflegeeltern in Basel und im Christlichen Mädcheninstitut in Korntal. Als 15-Jährige kam sie wieder nach Indien, wo sie in der Mädchenschule ihrer Mutter Englisch, Handarbeit und Geografie unterrichtete und ihrem Vater als Reisebegleiterin und Sekretärin half. Die Familie zog nach Calw, als Hermann Gundert 1862 die Leitung des Calwer Verlagsvereins übernahm, Marie half bei Büroarbeiten und übersetzte Bücher aus dem Englischen.

Mit ihrem Mann, dem englischen Missionar Charles W. Isenberg (1840 – 70), siedelte sie 1865 in die Missionsstation Haiderabad am Indus über, doch wegen seiner Lungenkrankheit kehrte das Ehepaar mit zwei kleinen Söhnen nach Deutschland zurück, wo Isenberg starb.

Marie zog mit ihren Kindern ins Verlagsgebäude zu den Eltern und übernahm gegen Widerstände im Sommer 1871 einen einjährigen Lehrauftrag für Englisch an der Calwer Realschule. Nie zuvor hatte eine Frau an einer

Marktplatz 6

öffentlichen höheren Schule in Württemberg unterrichten dürfen – aber offenbar hatte die junge Witwe keine Probleme mit der Disziplin ihrer elf Schüler. Das Angebot der Basler Mission, Medizin zu studieren und als Ärztin nach Indien zu gehen, lehnte sie wegen ihrer Kinder ab, stattdessen heiratete sie 1874 Johannes Hesse (1847 – 1916), zunächst Gehilfe ihres Vaters, später Missionsschriftsteller und Verlagsleiter. Unmittelbar nach der Hochzeit zog das Paar in die Wohnung am Marktplatz, wo die Kinder Adele (1875 – 1949), Hermann (1877 – 1962) und Marulla (1880 – 1953) geboren wurden.

Marie Hesse hatte neun Kinder, drei starben früh. Neben Erziehung, Haushalt und Unterstützung ihres Mannes bei seiner Redaktionsarbeit veröffentlichte sie selber – anonym – Beiträge für Missionszeitschriften, aber auch einige Bücher: eine Darstellung ihrer Erlebnisse als Missionsfrau in Indien *Deutsche im Osten* und ein Lebensbild ihrer Mutter, außerdem zwei Biografien über die Missionare *David Livingstone, der Freund Afrikas*, und *Jakob Hannington, ein Märtyrer für Uganda*, die in der auflagenstarken Reihe der „Calwer Familienbibliothek" erschienen.

> „Ich sehe dich noch, meine Mutter, mit dem schönen Haupt zu mir geneigt, schlank, schmiegsam und geduldig, mit den unvergleichlichen Braunaugen!" Hermann Hesse

Adele Gundert
(1875 – 1949)
Marulla Hesse
(1880 – 1953)

Vergessene Schwestern

Hermann Hesse wuchs mit fünf Geschwistern auf, von denen ihm Adele und Marulla im Alter und gefühlsmäßig am nächsten standen.

Seine zwei Jahre ältere Schwester Adele blieb für Hermann Hesse nach eigenem Bekunden seine „dauerhafteste Liebe", mit der er den Urboden aller Erinnerungen, die Kinderzeit und Heimat, teilte. Sie war mit ihrem Vetter Hermann Gundert, einem evangelischen Pfarrer und Mitglied der Bekennenden Kirche, verheiratet. 1934 erschien die Erstausgabe der Dokumentation über das Leben ihrer Mutter, *Marie Hesse. Ein Lebensbild in Briefen und Tagebüchern.* Sie starb am 24. September 1949 in Korntal.

Marulla, die jüngere Schwester, wurde 1880 ebenfalls in der Wohnung am Marktplatz geboren, bevor die Familie 1881 für fünf Jahre nach Basel zog, wo Johannes Hesse als Lehrer am dortigen Missionshaus arbeitete. Sie war einige Zeit Hauslehrerin bei einem baltischen Baron, nach dem Tod der Mutter 1902 lebte sie als „Sekretärin" bei ihrem Vater, eine leider nicht sehr selbstständige Tätigkeit, weil sie „immer das tun muss, was er gerade will, vorlesen, Diktate schreiben, ein Buch suchen, ein Bild aussuchen usw.". Sie empfand dieses Angebundensein als bedrückend und wünschte sich manches Mal, etwas (oder jemand) würde kommen und sie erwecken. Derartige Äußerungen von ihr sind in den Rundbriefen deutscher Lehrerinnen überliefert.

Marktplatz 6 (um 1950)

Nach dem Tod des Vaters 1916 wurde sie Lehrerin an einem evangelischen Töchterinstitut und gab außerdem Privatunterricht. 1939, 1946 – zusammen mit Adele – und 1950 konnte sie jeweils einige Wochen bei ihrem Bruder Hermann im Tessin verbringen.

Sie starb am 17. März 1953 ebenfalls in Korntal. Hermann Hesse hat seiner jüngeren Schwester einen anrührenden Nachruf gewidmet: „Ihr habt mich allein zurückgelassen, Ihr Geschwister, damit für eine Weile noch Euer und der Eltern und des Märchens unsrer Kindheit gedacht werde. Ich habe diesem Gedächtnis zeitlebens oft gehuldigt und ihm kleine Denkmäler errichtet." Er gesteht ihr postum, dass er in seinen Erzählungen aus seinen zwei Schwestern immer eine machte, und diese eine für die LeserInnen eigentlich immer Adele und nicht Marulla war, weil sie ihm in seiner Kindheit und Jugend eben nähergestanden hatte.

Im Unterschied zu Adele, der es schmeichelte, einen berühmten Bruder zu haben, betrachtete Marulla diese Berühmtheit und Öffentlichkeit stets kritisch.

> *„Du wirst mir vor allem dann beistehen, wenn ich in der Gefahr bin, Ungenauigkeiten zu begehen und in Unwahrheit zu verfallen, aus Eile, aus Spielerei, aus phantastischer Verlorenheit."*
>
> Hermann Hesse
> in seinem Nachruf auf
> Marulla im Juli 1953

Gertrud Breuning
(1922 – 1992)

Geschäftsfrau

Gertrud Breuning übernahm aus Liebe zum gefallenen Bruder das Modehaus der Familie.

Zunächst war Gertrud Breuning eine Geschäftsfrau wider Willen, denn es war nicht ihr Wunsch gewesen, Unternehmerin zu werden.

Ihre Großeltern, Friedrich und Johanna Daur, waren 1919 nach Calw gekommen, um eine neue Heimat für sich und die drei Töchter Sofie, Gertrud und Hanna zu finden. Die Familie hatte 1917 kriegsbedingt die geliebte Jerusalemer Heimat verlassen müssen; nach abenteuerlicher Flucht fand sie Aufnahme bei der ältesten, verheirateten Tochter Lydia.

Friedrich Daur übernahm das Manufakturgeschäft Schieler in Calw. Nach seinem frühen Tod 1925 trat Eberhard Kopp in die Firma ein und leitete sie über viele Jahre. Die Mitarbeit von Johanna Daur und ihren Töchtern hat in der Inflationszeit und in den Jahren danach viel zum Erhalt der Firma beigetragen.

Der Sohn von Tochter Lydia, Werner Breuning, begann 1937 seine kaufmännische Lehre im großelterlichen Geschäft. Schon 1940 wurde er zum Kriegsdienst eingezogen. Um der Großmutter und den Tanten während Werners Abwesenheit beizustehen, trat seine Schwester Gertrud Breuning, geboren am 17. November 1922, in die Firma ein. Werner Breuning fiel 1943 in Italien. Aus Pflichtgefühl der Familie gegenüber, aber auch aus Liebe zum gefallenen Bruder übernahm Gertrud Breuning seine Nachfolge in der Geschäftsführung.

Marktplatz 6

1950 beschäftigte die Firma Daur mehr als 20 Angestellte und präsentierte ein umfangreiches und hochwertiges Warenangebot: Betten, Stoffe, Wäsche, Kurzwaren und Konfektion. Gertrud Breuning legte Wert auf eine solide berufliche Qualifikation: Es wurden Einzelhandelskaufleute, Verkäuferinnen und Weißnäherinnen ausgebildet. Ihre Tante Sofie Daur führte das Nähzimmer, deren Schwester Gertrud Niehaus, geborene Daur, stand dem großen Geschäftshaushalt vor; bei ihr absolvierten junge Frauen das obligatorische Haushaltsjahr.

Mit großem baulichen Aufwand und erstaunlichem Geschick erweiterte Gertrud Breuning von 1959 – 62 das Geschäft. Der Geschäftsumfang hatte sich durch den Ausbau auf drei Stockwerke vergrößert und brachte den erhofften Erfolg. Gertrud Breuning wäre mit dem Erreichten zufrieden gewesen; der Bau des Calwer Marktes 1974 – 76 jedoch erzwang weitere Baumaßnahmen. Sie fühlte sich den Anforderungen vor allem gesundheitlich kaum mehr gewachsen. Trotzdem stellte sie sich der schwierigen Aufgabe. Nach vollendeter zweiter Erweiterung ging das Geschäft 1977 in fremde Hände über. Gertrud Breuning starb am 28. Februar 1992.

Privat lebte sie im Geburtszimmer von Hermann Hesse im zweiten Stock des Hauses.

> *„Der Herr denkt an uns und segnet uns."*
> Psalm 115,12

Else Conz
(1875 – 1969)

Erste Gemeinderätin

Bereits im Jahr der Einführung des Frauenwahlrechts 1919 wurde Else Conz als erste und lange Zeit einzige Frau in den Calwer Gemeinderat gewählt.

Seit ihrer Heirat im Oktober 1899 mit Eduard Conz, damals Amtmann beim hiesigen Oberamt, lebte Else Conz (geb. als Else Wunderlich am 11. Juni 1875 in Waiblingen) in Calw.

1902 wurde ihr Mann im Alter von 31 Jahren zum Calwer Stadtschultheißen auf Lebenszeit gewählt. Während des Ersten Weltkrieges ließ er seine Amtsgeschäfte allerdings ruhen und meldete sich freiwillig zum Kriegseinsatz. Er fiel am 5. April 1918 „auf dem westlichen Kriegsschauplatz".

Else Conz war nun allein auf sich gestellt, hatte für sechs Kinder und das Haus zu sorgen und engagierte sich trotz der mannigfachen Belastungen fortan in der Kommunalpolitik.

Im Januar 1919 durften Frauen zum ersten Mal wählen und gewählt werden. Überall schlug man dafür eifrig die Werbetrommel, es bildeten sich sogar „Aufklärungsausschüsse für das Frauenwahlrecht", die alle Frauen zur Teilnahme an den Wahlen zur National- und zur Landesversammlung bewegen wollten. Auch in Calw erschienen Aufrufe in Zeitungen: „Frauen, Mädchen, tretet heraus aus Eurer Häuslichkeit, Eurem Berufe, aber auch aus Eurer Schüchternheit, Bescheidenheit und Voreingenommenheit ... Frauen und Mädchen! Das Schicksal Deutschlands ist in Eure Hand gegeben!" Den Aufruf unterzeichnete auch Else Conz.

*Rathaus,
Marktplatz 9
(um 1925)*

Im Mai 1919 wurde der Gemeinderat von Calw gewählt. Fünf Frauen stellten sich zur Wahl: Rosa Wagner (DDP), Johanna Rümmelin (DDP), Pauline Heilemann (SPD), Else Conz (BP), Elisabeth Fechter (BP).

Am 25. Mai 1919 zog Else Conz in den Gemeinderat von Calw ein, als Vertreterin der Bürgerpartei (BP). Der Calwer Gemeinderat bestand damals aus 20 Mitgliedern, Else Conz war die einzige Frau. Sie hatte die meisten abgegebenen Stimmen zugunsten der BP auf sich vereinigen können, und sie errang die vierthöchste Stimmenzahl aller Gewählten.

Die einzige gewählte Frau blieb sie auch bei den Gemeinderatswahlen 1925 und 1931. Die letzte Sitzung des frei gewählten Gemeinderates fand am 30. März 1933 statt. Am folgenden Tag trat das „Vorläufige Gesetz zur Gleichschaltung der Länder" in Kraft, das die Auflösung der bestehenden Gemeinderäte verfügte und Frauen grundsätzlich aus der Politik ausschloss. Else Conz konnte ihre politische Arbeit nur sehr eingeschränkt in verschiedenen Ausschüssen fortsetzen.

Kurz nach ihrem 90. Geburtstag zog sie nach Nagold und starb dort am 15. November 1969. Sie wurde auf dem Calwer Friedhof beigesetzt.

> *„Frauen, Mädchen, tretet heraus aus Eurer Schüchternheit, Bescheidenheit und Voreingenommenheit."*

Berta Soulier
(* 1905)

Kommunalpolitikerin

Berta Soulier wurde 1968 als erste Frau nach dem Zweiten Weltkrieg in den Gemeinderat Calws gewählt. Dort bestimmte die Sozialdemokratin bis 1984 die Politik der Gemeinde mit.

Berta Soulier wurde als jüngste Tochter der Eheleute Robert und Karoline Störr am 2. Oktober 1905 in Calw in der Nonnengasse geboren. Neben einer Zwillingsschwester hatte sie noch zwei ältere Schwestern. Von ihrer Jugend sind ihr besonders die langen Spaziergänge mit ihrem Vater im Gedächtnis geblieben, auf denen sie viel über Land und Leute in Calw und Umgebung erfuhr. Zur politischen Bildung fällt ihr folgende Anekdote ein: „Mein Vater sagte uns schon mal, wir sollen das Strickzeug weglegen und die Zeitung lesen – allerdings erst, wenn die Mutter im Bett war."

Nach dem Schulbesuch arbeitete sie mehrere Jahre als selbstständige Näherin. 1925 trat sie in die SPD ein. Auf einer Versammlung lernte sie 1929 ihren Ehemann Heinrich kennen. Wegen ihres politischen Engagements in der SPD mussten sie ab 1933 „zurückgezogen leben". Der Umgang mit Menschen beschränkte sich auf einige wenige. „Im Arbeitsumfeld meines Mannes gab es viele aktive Nazis", erinnert sich Berta Soulier, „wir mussten vorsichtig sein."

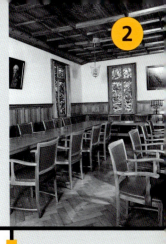

Rathaus, Sitzungssaal

Nach dem frühen Tod ihres Mannes 1949 fand sie im Verein für Kriegsbeschädigte und Kriegshinterbliebene (VdK) ein weiteres ehrenamtliches Tätigkeitsfeld. Unermüdlich war sie seitdem als Hinterbliebenenbetreuerin für den Verein im Kreis tätig.

Der SPD blieb sie weiterhin treu. Bereits 1953 und 1965 hatte Berta Soulier ohne Erfolg auf den Wahllisten der SPD für den Gemeinderat kandidiert. Genauso wenig Erfolg hatten Frauen anderer Listen. 1968 gelang es der inzwischen 63-jährigen Berta Soulier doch endlich in diese Männerdomäne Calws Einzug zu halten. Später einmal gefragt, warum sich immer noch so wenige Frauen zur Wahl stellen würden, antwortete sie: „Dia ließet sich scho ufstella, wenn se beim erschta Mol glei neikämet!"

Für ihr weitreichendes soziales und politisches Engagement erhielt sie 1975 das Bundesverdienstkreuz am Bande.

„*Des is wahr.*"

Magdalena Sibylla Rieger
(1707 – 1786)

Dichterin

Die barocke Dichterin Magdalena Sibylla Rieger wurde als einzige Frau Württembergs zur lorbeergekrönten Poetin ernannt. In Calw lebte sie einige Jahre als Frau des Stadtvogts.

Magdalena Sibylla Rieger wird 1707 in Maulbronn geboren. Ihr Vater, der Prälat und Liederdichter Philipp Heinrich Weißensee, unterrichtet seine Tochter selbst, so dass sie eine für Mädchen der Barock-Zeit ungewöhnliche Ausbildung genießt. 16-jährig wird sie mit Emmanuel Rieger verheiratet, Stadtvogt erst in Calw, dann in Stuttgart.

Schreiben ist für Magdalena Sibylla Rieger zunächst ein Heilmittel gegen ihre „Nervenschmerzen". 1743 erscheint der Versuch einiger geistlicher und moralischer Gedichte, mit denen sie in einer langen evangelischen, vor allem pietistischen Tradition steht, der eigenen, subjektiven Frömmigkeit eine Stimme zu geben. Noch in der letzten Ausgabe des evangelischen Kirchengesangbuchs der Landeskirche Württemberg findet sich ein Bußlied von ihr. Darin verbindet sich Klage um das Dasein mit der Suche nach Geist und Wahrheit, wie sie in ihrem Selbstverständnis überhaupt religiöse Identität mit der modern anmutenden Frage „Bin ich oder bin ich nicht?" vereint.

Von der Göttinger Universität wird sie zur lorbeergekrönten Poetin ernannt – eine Ehre, die keiner anderen Württembergerin zuteil wurde. Auf das Lob der Preisrichter, sie besitze

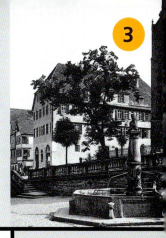

Marktplatz 21

männliches Ingenium und weibliche Tugenden, antwortet sie sehr selbstbewusst und explizit als Frau:

„Es gibt nicht minder auch bei Weibern viel Geschäften, / Die man nicht eben gleich kann an den Nagel heften, / Von größrer Wichtigkeit, als der gelehrtste Mann, / Ja, ich behaupt es frei, jemalen leisten kann. / Ich bin kurz einer Frau und Freundin beigesprungen, / Es ist uns so ein Werck in einer Nacht gelungen, / Woran der größte Held mit zittern würde gehn, / Wann gleich ihn die Natur dazu hätt ausersehen […] / Ihr Männer packet ein, was ist doch eure Kunst. / Wär unsre Arbeit nicht, die eure wär umsunst."

So äußert sich ein spezifisch weibliches, die männliche Dominanz in Frage stellendes Selbstbewusstsein. Sie protestiert aber auch gegen den Ausschluss der Frauen von der öffentlichen, geistigen Welt, dagegen, dass „nur Männer-Nahme gilt", während die Frauen ungenannt bleiben. Deutlich weicht bei ihr pietistische Demut bereits einem aufklärerischen Impetus.

Der Staatsrechtler und pietistische Dichter Johann Jakob Moser nahm die Riegerin 1772, noch zu ihren Lebzeiten, als einzige Frau in sein *Württembergisches Gelehrten-Lexikon* auf.

„*Wär unsre Arbeit nicht, die eure wär umsunst.*"

Erna Brehm
(1924 – 1951)

NS-Opfer

Der Rassenschande beschuldigt, wurde Erna Brehm im KZ Ravensbrück inhaftiert.

„Der Erna wurden 1941 auf dem Calwer Marktplatz öffentlich die Haare geschoren", erinnert sich der Bruder Reinhold Brehm. Grund dafür war der Vorwurf, ein intimes Verhältnis mit dem polnischen Zwangsarbeiter Marian Gawronski eingegangen zu sein. Deswegen verbrachte Erna Brehm acht Monate Haft im Frauengefängnis Stuttgart – anschließend kam sie in das Jugend- und Frauenkonzentrationslager Ravensbrück in so genannte Schutzhaft. Sie wurde dort als politische Gefangene geführt. Am 19. August 1951 starb sie im Alter von 27 Jahren an den Folgen der Haft.

Wie in vielen anderen deutschen Städten gab es auch in Calw Zwangsarbeit von Kriegsgefangenen. „Calwer SA-Größen, Handwerker und andere Geschäftsleute konnten sich diese Leute als billige Arbeitskräfte aussuchen", berichtet Reinhold Brehm. Marian Gawronski war einer dieser Zwangsarbeiter. Er arbeitete als Mechaniker bei der Autowerkstatt Wurster. Erna Brehm, die als Haushaltsgehilfin im Cafe Lutz tätig war, unterhielt Kontakt zu Marian Gawronski. Das reichte. Sie wurde denunziert und daraufhin verurteilt. „Sie haben die gegenüber dem Angehörigen eines Feindstaates selbstverständliche Zurückhaltung vermissen lassen und das gesunde Volksempfinden gröblichst verletzt", hieß es in der Urteilsbegründung. Doch noch bevor sie die Strafe antreten

Marktplatz

musste, wurde sie von der und für die Calwer Bevölkerung als „lehrreiches" und „warnendes" Beispiel zur Schau gestellt. Auf dem Marktplatz wurde ihr öffentlich der Kopf kahl geschoren. „Reinhold, geh auf den Marktplatz hoch, da werden deiner Schwester gerade die Haare geschnitten", sei ihm zugerufen worden, erinnert sich der damals 11-jährige Bruder verbittert. „Der ganze Marktplatz ist voll gestanden. Aber wenn man heute nachfragt, will niemand dabei gewesen sein."

Im Frauenkonzentrationslager Ravensbrück musste Erna Brehm unter katastrophalen Bedingungen täglich körperliche Schwerstarbeit verrichten. Als Folge davon erkrankte sie an schwerer doppelseitiger Lungentuberkulose. Am 1. April 1944 wurde sie als lager- und haftunfähig entlassen. „In der Zeit nach ihrer Gefangenschaft lebte sie zurückgezogen. Viele Calwer mieden seit dem Vorfall auf dem Marktplatz unsere ganze Familie", berichtet Reinhold Brehm.

Nach 1945 bemühte sich Erna Brehm um Wiedergutmachungszahlungen. Ein entsprechender Antrag wurde mit der Begründung abgelehnt, dass die Gefangene nicht politisch oder rassistisch verfolgt gewesen sei, sondern als „normale" Verbrecherin gegen geltendes Recht verstoßen habe und damit durchaus rechtmäßig verurteilt worden sei.

„Sie werden nicht mehr frei – ihr ganzes Leben".

Lore Hartmann
(1910 – 1999)

Erste Apothekerin Calws

Im Jahr 1937, im Alter von 27 Jahren, übernahm Lore Hartmann die Apotheke am Marktplatz.

Theodor Hartmann kaufte im Jahr 1903 die Neue Apotheke in Calw am Marktplatz. Mit seiner Frau bezog er die oberen Räume des Hauses und schon bald vergrößerte sich die Familie um Hilde (geb. 1904), Fred (geb. 1906) und Lore (geb. am 11. Juni 1910). Hartmann starb im Jahr 1926. Seine Witwe betrieb die Apotheke zunächst mit einem angestellten Apotheker bis 1934 weiter, dann musste sie sie laut einer neuen Bestimmung verpachten.

Die jüngste Tochter Lore hatte 1928 ihr Abitur in Stuttgart gemacht und sich schon früh entschieden, Apothekerin zu werden. Sie lernte zwei Jahre in der Johannes-Apotheke in der Stuttgarter Rotebühlstraße und schrieb sich dann in Kiel zum Studium der Pharmazie ein.

1934 bestand sie ihr Staatsexamen mit „sehr gut", dann folgten wie vorgeschrieben zwei weitere Jahre Arbeit in Apotheken. Auch mit der Approbation, die sie am 1. Mai 1936 erlangte, hätte sie eigentlich noch keine Apotheke selbständig führen dürfen, weitere drei Jahre in Apothekendiensten hätten sich anschließen sollen.

Aber mit einer Sondergenehmigung konnte sie schon ein Jahr später, ab 1. Juli 1937, die einst väterliche Apotheke in Calw übernehmen. Als Gründe dafür wurden angeführt: die Apotheke war im Familienbesitz und ein Pachtvertrag lief gerade aus.

Marktplatz 22 (um 1958)

Lore Hartmann wurde die erste Apothekerin Calws. Zunächst pachtete sie das Geschäft von ihrer Mutter, 1959 wurde sie offiziell Inhaberin.

Einem Zeitungsbericht zufolge arbeiteten 1953 in der Apotheke am Marktplatz: Lore Hartmann mit zwei angestellten Apothekerinnen, einer Helferin und einer Praktikantin – ein reiner Frauenbetrieb.

Unter der Regie von Lore Hartmann wurde 1957/58 das Geschäft grundlegend umgebaut, dabei entstanden im Wesentlichen die noch heute bestehenden Räume. Beim Umbau kamen die behauenen Sandsteine zum Vorschein, die den Eingang schmücken und wohl aus dem Schloss in Hirsau stammen.

Lore Hartmann führte die Apotheke über 30 Jahre, 1969 verpachtete sie sie an ihren Neffen Wolfgang Bührlen.

Nun endlich konnte sie ihrem Hobby frönen, für das sie während ihrer Berufstätigkeit zu wenig Zeit gehabt hatte – sie begab sich auf lange, oft auch strapaziöse Reisen durch die ganze Welt. Lore Hartmann starb am 15. September 1999 in Calw.

Maria Andreä
(1550 – 1632)

Hofapothekerin

Die Mutter des Theologen und Reformators Johann Valentin Andreä war eine gebildete Heilkundige, die aufgrund ihres Wissens und sozialen Engagements bei Hofe geschätzt und von den BürgerInnen verehrt wurde.

Als „Mutter der Stadt" und „Mutter der Armen" wurde Maria Andreä von der Bevölkerung Calws gepriesen, wo sie ihre letzten zehn Lebensjahre im Dekanatshaus bei ihrem Sohn Johann Valentin Andreä (1586 – 1654) verbrachte. Ihr soziales Engagement und ihre selbstlose Tätigkeit als Heilkundige haben die Zeitgenossen, auch der Sohn in seiner lateinischen Gedenkschrift „Merita Materna praedicta a filio", stärker hervorgehoben als ihre medizinischen und wissenschaftlichen Kenntnisse.

Geboren am 23. Oktober 1550 in Herrenberg als Tochter des Stadtvogts Valentin Moser und seiner Frau Margarete Hiller, erhielt sie nach dem frühen Tod der Mutter eine gediegene Ausbildung durch die Großmutter: Neben Lesen und Schreiben lernte sie Krankenpflege, Arznei- und Kräuterkunde.

Mit 26 Jahren heiratete sie Johann Andreä, Pfarrer in Hagelloch, später Dekan in Herrenberg und Abt in Königsbronn. Obwohl von sehr unterschiedlichem Charakter – er liebte Musik, Gesellschaft, Alchemie – hat das Beispiel der elterlichen Ehe den Sohn zu einem zeituntypischen Leitsatz angeregt: „Die häuslichen Arbeiten werden von Mann und Frau erledigt." Als 51-jährige Witwe zog Maria Andreä mit ihren sieben Kindern nach Tübingen, um den vier Söhnen ein Studium zu er-

Calw (um 1630)

möglichen. 1607, als auch die Töchter verheiratet waren, folgte sie der schon früher geäußerten Bitte Herzogin Sibyllas, als Vorsteherin in die am Württembergischen Hof bestehende Apotheke zu kommen. Dies war eine fürstliche Wohlfahrtseinrichtung, im Stuttgarter Alten Schloss untergebracht, in der bedürftige Kranke unentgeltlich versorgt wurden. Durch ihre asketische und aufopfernde Lebensart soll Maria Andreä sich selbst bei den luxusorientierten Hofleuten hohe Achtung erworben haben.

Als Freundin und Vertraute der Herzogin folgte sie ihr im folgenden Jahr auf ihren Witwensitz in Leonberg, stellte auch dort Arzneien und Heilgetränke für Wöchnerinnen und Kranke her und unterstützte die Herzoginwitwe bei ihren karitativen Aktivitäten. Sicherlich hatte sie Anteil an der Bepflanzung des bis heute berühmten Pomeranzengartens.

Nach dem Tod Sibyllas 1614 lehnte Maria Andreä eine Rückkehr nach Stuttgart wegen ihres Alters ab und lebte abwechselnd bei ihren Kindern, nach 1622 in Calw. Als sie am 25. Januar 1632 starb, folgte die ganze Bürgerschaft ihrem Leichenzug. Heute erinnert nichts mehr an die „Mutter der Stadt", nicht einmal ein Bildnis oder ein Grab, der Grabstein ist ebenso verschollen wie ihr handgeschriebenes Arzneibuch.

„Sie regierte das Haus gleich einer Fürstin, diente gleich einer Magd".

Hilde Hiller
(1914 – 2001)

Familienfrau

Hilde Hiller zögerte nicht, nach einer langen Familienphase ihre politischen Überzeugungen auch im Alter noch umzusetzen.

Der „Eine-Weltladen" ist für KundInnen zunächst ein ganz normaler Laden, in dem man Waren aus der so genannten Dritten Welt erwerben kann. Er ist vor allem ein Stück gelebte Solidarität in unserer einen Welt. Entstanden aus der Friedensbewegung der achtziger Jahre, verfolgt der Laden zwei Ziele: zum einen sollen durch Handel und Spenden Selbstversorgungsstrukturen in benachteiligten Regionen der Erde gestärkt werden; zum anderen sollen Menschen in den priviligierten Industrienationen für ihre Verantwortung in der Welt sensibilisiert werden. Der „Eine-Weltladen" in Calw wird – wie die meisten Weltläden – vom ehrenamtlichen Engagement der BürgerInnen getragen, und er wurde und wird vor allem von Frauen betrieben.

Hilde Hiller war Mitinitiatorin des Calwer Weltladens, der 1984 gegründet wurde. Für die damals fast 70-jährige Mutter von zehn Kindern begann damit ein langjähriges ehrenamtliches Engagement: „Für mich waren meine Erfahrungen im Nationalsozialismus – neben meiner christlichen Motivation – die Triebfeder für dieses Engagement."

Am 17. Juli 1914 in Haiterbach als Tochter gutbürgerlicher Eltern geboren, kam Hilde Hiller mit zwölf Jahren nach Calw. Nach dem frühen Tod des Vaters 1930, wurde sie Säuglingsschwester, später dann Krankenschwester. In verschiedenen so genannten „Umschulungs-

Altburger Straße 19

lagern" unterrichtete sie während der Zeit des Nationalsozialismus junge Mädchen, die an das „Mutterideal" herangeführt werden sollten, im Umgang mit Säuglingen: „Ich fühlte mich immer in erster Linie als Krankenschwester. Aber ich würde schon sagen, ich habe eine braune Vergangenheit; ich war halt naiv."

Noch während des Krieges heiratete sie und bekam ihre ersten Kinder. Nach dem Tod ihrer Schwester nahm sie deren zwei verwaiste Kinder in ihre wachsende Familie auf. Nach mehrjähriger Abwesenheit kehrte sie mit ihrer Familie nach Calw in das elterliche Haus am Hohen Fels zurück. In den folgenden Jahren forderten der Mann und zwölf Kinder ihre ganze Aufmerksamkeit, Heiterkeit, Geduld und Kraft.

Nach der intensiven Familienphase nahm sie sich die Freiheit, ihr Leben zu reflektieren – besonders ihre Rolle in der Zeit des Nationalsozialismus und auch ihre Rolle als Frau: „So naiv wie damals wollte ich nicht noch einmal sein." Sie zögerte nicht, ihre Überzeugungen umzusetzen. Im Rahmen ihrer Arbeit im Weltladen stritt sie Seite an Seite mit vielen jüngeren Frauen und Männern für die Abschaffung des Apartheid-Regimes in Südafrika. Der Einsatz gegen Rassismus und für eine humane Welt wurde zu einem wichtigen Teil ihres Lebens.

„Selber wer zu sein, ist mir in späteren Jahren gelungen", sagte sie.

> *„Wer könnte atmen ohne Hoffnung, dass auch in Zukunft Rosen sich öffnen."*
> Rose Ausländer

Beginen in Calw

Osanna Werdenbergerin leistete zusammen mit ihren Beginen-Schwestern in Calw wertvolle soziale Dienste.

„Ich arme Witwe bin eine Klosterfrau in der Klause zu Calw gewesen, wohin mich mein gnädiger Herr Graf Hans von Werdenberg [ihr Vater] seligen Angedenkens gebracht hat."

Osanna Werdenbergerin hat diesen Satz in einem Briefwechsel mit Herzog Christoph von Württemberg formuliert und damit einen wichtigen Hinweis auf eine für das Mittelalter sehr typische Erscheinung in Calw geliefert. Osanna war nicht „Klosterfrau" im herkömmlichen Sinne. Sie trat am 15. August 1521 einer Calwer Beginen-Gemeinschaft bei, die damals an der Ecke Nonnengasse / Torgasse ihren Sitz hatte. Die heute noch existierende Nonnengasse in Calw verdankt ihren Namen diesen „Nonnen", die im Grunde keine Nonnen waren, sondern ein freiwilliger und weltlicher Zusammenschluss von Frauen, die mit wohltätigen Diensten ihren Lebensunterhalt bestritten und ansonsten von Stiftungen, Renten, Schenkungen und dem eingebrachten Vermögen der Frauen lebten. Sie wurden vom Volk als Nonnen bezeichnet, vermutlich ihrer einheitlichen Kleidung wegen.

Seine Blütezeit hatte das Beginentum zu Osannas Lebzeiten bereits überschritten. In der Anfangszeit im 11. Jahrhundert waren die Gemeinschaften noch selbstbestimmt, später suchten die Beginen immer häufiger den Anschluss an einen Orden. Die Calwer Sammlung stellte sich unter die Regel des heiligen Augustinus, ihr Vikar war der Prior des Augustiner-Klosters in Weil der Stadt, Sebastian Rapp.

Sehr viel mehr wissen wir von der Calwer Sammlung nicht, es sind keine aussagekräftigen Zeugnisse überliefert.

Osanna war von ihrem Vater mit einem guten Vermögen ausgestattet worden und deshalb auch sehr willkommen bei den Calwer Beginen. Sie galt dort als „edelgeboren" und von großem Einfluss, sodass sie bald zur Priorin der Beginen aufstieg. Die Beginen verrichteten fromme Tätigkeiten, pflegten Kranke und fertigten Handarbeiten an. Auch sollen sie in der Unterrichtung von Mädchen tätig gewesen sein. Sie füllten damit eine große Lücke im damaligen Sozialgefüge.

Mit der von Herzog Ulrich durchgeführten Reformation und der damit vorangetriebenen Auflösung sämtlicher Klöster wurde Osanna Werdenbergerin um 1531 gebeten, ihren geistlichen Stand aufzugeben, was sie auch unverzüglich tat. Sie heiratete den Großkeller (zweithöchstes Amt) des Hirsauer Klosters, Sebastian Keller, zog mit ihm nach Leonberg und wurde Mutter von drei Töchtern. Die Beginen-Gemeinschaft löste sich mit Osannas Weggang um 1531 auf.

„Als aber auf Befehl Euer Fürstlicher Gnaden durch Ambrosius Blarer die Klöster und insbesondere die Sammlung in Calw visitiert wurden, habe ich mich mit Sebastian Keller, dem ehemaligen Großkeller des Klosters Hirsau, verheiratet."

Anna Hafner
(1603 – 1683)
Gertrud Pfeiffer
(1792 – 1818)

Gefangene

Eine der Hexerei bezichtigte alte Frau und eine junge Raubmörderin warteten im „Langen" auf die Vollstreckung ihrer Todesurteile.

Anna Hafner, genannt die Mulflerin, wurde gemeinsam mit ihrem Stiefenkel Bartlin Süb bezichtigt, Hexerei zu betreiben, Kinder zu Hexentänzen und Verfluchungen zu verführen sowie Taufen auf den Teufel vorzunehmen.

Die Beschuldigte lebte in Calw in armen Verhältnissen und außerhalb der Gemeinschaft, denn auf ihrem Stiefenkel lastete seit Jahren ein Giftmordverdacht – er sollte einen Jungen vergiftet haben. Da man von dieser Familie sowieso nur Schlechtes erwartete, tat sie sich schwer, den neuen Verdacht der Hexerei von sich zu weisen. Die Beschuldigten leugneten zwar zunächst, unter Folter jedoch gaben sie alles zu – die Kindertaufen auf den Teufel und die Hexentänze auf dem Brühl.

Die 80-jährige Mulflerin und der 16-jährige Süb wurden zunächst in den „Langen" gesperrt und nach ausgiebigen Untersuchungen des Falls am 18. Dezember 1683 hingerichtet. Dies geschah am Hochgericht, das bei Heumaden in der Nähe des „Welschen Häusle" stand.

Der Lange, Im Zwinger 22

Gertrud Pfeiffer war wie ihre Mutter eine Vagantin, ständig herumziehend auf der Suche nach Arbeit und Lebensunterhalt.

Einen Ausweg aus der finanziellen Krise sahen sie in der Auswanderung nach Russisch-Polen. Auf ihrem Weg dorthin kamen sie allerdings nur bis Ulm, weil ihnen zur Weiterreise ein Pass fehlte, den sie sich wegen Geldmangels nicht kaufen konnten. Für die Auswanderung hatten sie auf ihre Bürgerrechte verzichten müssen, nun kehrten sie als Rechtlose zurück, desillusioniert und hoffnungslos.

1817, nun schon 25-jährig, traf Gertrud Pfeiffer auf einer ihrer Wanderungen auf die ältere Vagantin Anna Maria Blocher und zog mit ihr gemeinsam weiter. Gertrud erfuhr bald, dass die Blocher viel Geld bei sich hatte. Das machte sie neidisch. Als die beiden Frauen eines Tages in Streit gerieten, mag der Neid neben dem Zorn der Grund gewesen sein, dass Gertrud Pfeiffer ihre Wandergefährtin in der Nähe von Baiersbronn mit einem Beil erschlug und das Geld entwendete. Sie wurde erstaunlich schnell gefasst, in Esslingen als Raubmörderin zum Tode verurteilt und in Calw in den „Langen" gesperrt, wo sie auf die Vollstreckung wartete. Ihre Hinrichtung mit dem Schwert fand am 28. August 1818 auf dem Calwer Marktplatz statt, in Anwesenheit vieler neugieriger Menschen, darunter auch zahlreicher Kinder.

Sophie Emilie Georgii
(1826 – 1892)

Stifterin einer Bildungsstätte

Sophie Georgii stiftete 1870 zusammen mit ihrem Ehemann der Calwer Bevölkerung das Georgenäum – ein Haus mit öffentlicher Bibliothek und einem Hörsaal für öffentliche Vorträge.

Im Jahr 1870 stiftete das Ehepaar Sophie Emilie und Emil Wilhelm von Georgii der Stadt Calw ein Gebäude sowie erhebliche Geldbeträge zur Unterhaltung der Stiftung.

Das Ehepaar bezweckte mit der Stiftung, eine Institution „vorzugsweise für die Fortbildung der Jugend" zu schaffen, indem es hier eine öffentliche Bibliothek und einen öffentlichen Hörsaal für Vorträge einrichtete.

Die Georgiis, in Stuttgart lebend, wählten Calw als Sitz ihrer Stiftung aus, weil Emil von Georgii 1820 hier geboren worden war: seine Mutter stammte aus der angesehenen Familie Dörtenbach. Sophie Georgii war Tochter des Finanzministers Gärttner in Stuttgart.

Das Georgenäum wurde von Oberbaurat Josef Egle erbaut und 1871 eingeweiht.

Die Georgiis maßen der Bibliothek zur Bildung der Jugend besondere Wichtigkeit bei. In ihren Schränken standen gleich zu Beginn 734 Bücher, die alle Bewohner Calws zu traumhaften Öffnungszeiten nutzen konnten, denn die Bibliothek war täglich von 8 bis 12 Uhr und von 13 bis 22 Uhr zugänglich.

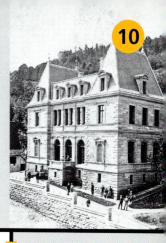

Im Zwinger 3 (um 1872)

Ein weiterer Schwerpunkt lag auf den öffentlichen Vorträgen, die sich nach dem Willen der Stifter wirtschaftlichen und wissenschaftlichen, keinesfalls aber politischen Themen widmen sollten.

Ausdrücklich wurde im Stiftungsvertrag betont: „Der Besuch der Vorträge steht dem männlichen und weiblichen Geschlecht vom 14. Jahr an zu". Dass Mädchen ab 14 hier wie selbstverständlich an außerhäuslicher und außerschulischer Bildung teilnehmen konnten und sollten, zeugt von fortschrittlicher Einstellung, denn in der damaligen Zeit konnten Mädchen nicht einmal Abitur machen, von jeglicher Ausbildung in wirtschaftlichem Bereich ganz zu schweigen.

Das Georgenäum diente in den folgenden Jahrzehnten vorwiegend als Bildungs- und Kulturstätte, so war hier ehemals die Volkshochschule und bis 1997 die Stadtbibliothek untergebracht.

„Der Besuch steht dem männlichen und weiblichen Geschlechte zu."

Die Frauenarbeitsschule

Als dritte Schule ihrer Art in ganz Württemberg wurde die Frauenarbeitsschule Calw im Jahr 1874 gegründet. Sie bereitete junge Mädchen auf einen hauswirtschaftlichen Beruf vor.

Am 7. März 1874 nahm die Frauenarbeitsschule im Georgenäum ihre Arbeit auf. Dort wurde Mädchen die Möglichkeit gegeben, sich über die Volks- und Mittelschule hinaus praktisches und theoretisches Wissen anzueignen. Es war übrigens erst die dritte Frauenarbeitsschule in ganz Württemberg, zahlreiche weitere folgten in den nächsten Jahren an verschiedenen Orten.

Drei Calwer Frauen – Strölin, Widmaier, Grünenmai – und ihrem Engagement ist die Gründung der zunächst privat geführten, ab 1876 städtischen Frauenarbeitsschule zu verdanken. In einem drei- oder sechsmonatigen Kurs konnten Mädchen ab 14 Jahren sich vor allem in Handarbeiten wie Weiß- und Kleidernähen, Hand- und Maschinennähen, Anfertigen von Musterschnittzeichnungen, Sticken, Flicken etc. ausbilden lassen, aber auch in Buchführung, Korrespondenz, kaufmännischem Rechnen und Wechsellehre. Ziel der Schule war, den jungen Frauen die Grundkenntnisse zu vermitteln, die sie für eine berufliche Tätigkeit auf diesem Gebiet brauchten, ihnen auch „Gelegenheit zu ganz anständigem Verdienst" zu geben, wie eine Zeitungsanzeige betonte.

Aus dem Arbeitsbuch einer Schülerin (um 1900)

Die Schule wurde sehr gut angenommen. Viele Mädchen kamen auch von auswärts, um sich in den Kursen fortzubilden. Sie wohnten während der Zeit bei Calwer Familien, die ihnen Kost und Logis boten.

1894, also nach zwanzig Jahren, zog die Frauenarbeitsschule wegen Platzmangels aus dem Georgenäum aus und wurde in diversen anderen Gebäuden in der Stadt untergebracht. Die Nachfrage nach den Kursen war groß, alle Schülerinnen und Kurse in einem Gebäude unterzubringen, gelang in den folgenden Jahrzehnten allerdings nie mehr.

Die Frauenarbeitsschule bestand bis in die 60er Jahre des 20. Jahrhunderts, danach wurde sie von der Hauswirtschaftlichen Berufsschule abgelöst.

Schulleiterinnen der Frauenarbeitsschule waren: Marie Strölin 1874 bis 1876, Lina Jung 1876 bis 1892, Pauline Wagner 1893 bis 1897, Luise Wagner 1898 bis 1925, Lisa Fechter 1925 bis 1942, Hedwig Bubek 1942 bis 1950, Mina Wiemken ab 1950.

„Gelegenheit zu ganz anständigem Verdienst"

Luise Pfrommer
(1874- 1962)

Hausverwalterin

Mit der Weigerung, politische und damit nicht stiftungskonforme Vorträge der Nazis in das Vortragsbuch des Hauses einzutragen, zeigte Luise Pfrommer Zivilcourage.

Im Stadtarchiv Calw liegt ein Buch mit rotem Einband, in dem „Vorträge, abgehalten im Hörsaal des v. Georgii-Georgenau Stiftungsgebäudes in Calw" verzeichnet wurden. Daten, Namen der Vortragenden, Gegenstand der Veranstaltung – jahrelang alles fein säuberlich neben- und untereinander aufgeführt. Im Jahr 1936 enden die Eintragungen und auf der nächsten Seite ist folgender Text zu lesen:

„Ab März 1936 wurden im Georgenäum nur noch von der Partei veranstaltete politische Vorträge und Versammlungen abgehalten, die ich, weil sie im Widerspruch zu der vom Stifter, Herr von Georgii, gewünschten Art der Vorträge standen, nicht mehr eingetragen habe. Nun ist zum ersten Mal wieder am 10. April 1946 ein Vortrag im Sinn des Stifters und ich hoffe, dass auch der Georgenäumssaal seiner ursprünglichen Bestimmung wieder dienen darf. Die Hausverwalterin Luise Pfrommer."

Im Zwinger 3 (um 1872)

Luise Pfrommer war die „gute Seele" des Georgenäums: Sie führte unter anderem Aufsicht im Heimatmuseum, das im obersten Stock des Hauses untergebracht war, und nahm seit 1934 die Eintragungen ins Vortragsbuch des Hörsaales vor, wie ihre Handschrift beweist. Im Stiftungsvertrag zum Georgenäum waren tatsächlich politische Vorträge ausgeschlossen worden.

Sicher hat Luise Pfrommer mit ihrem Verhalten keine große politische Widerstandsarbeit geleistet – sie wollte aber die edlen Absichten der Stifter keinesfalls unterlaufen. Wenn sie schon nichts gegen diese politischen Versammlungen im Georgenäum unternehmen konnte, so hat sie sich zumindest geweigert, diese ins Vortragsbuch einzutragen, und damit Zivilcourage im Stillen gezeigt.

Agnes Sapper
(1852 – 1929)

Kinder- und Jugendbuchautorin

Die Kinder- und Jugendbuchautorin Agnes Sapper erreichte mit ihren Büchern Auflagen von über drei Millionen Exemplaren und wurde in sieben Sprachen übersetzt.

Am 12. April 1852 als Agnes Brater in München geboren, heiratet sie im Jahr 1875 Eduard Sapper und zieht mit ihm zunächst nach Blaubeuren, später nach Neckartailfingen und Esslingen. Immer schon hat sie mit dem Erzählen von Geschichten kleine und große Zuhörer begeistert. Doch 1882 hält sie zum ersten Mal schriftlich fest, was ihrer Phantasie entspringt, nimmt, von ihrem Mann ermutigt, an einem Preisausschreiben der *Immergrünhefte* mit der Erzählung „In Wasserfluten" teil und gewinnt den ersten Preis.

1892 zieht die Familie nach Calw, wo ihr Mann als Gerichtsnotar tätig wird: „Mit tausend Freuden begrüßt seine Frau den Wechsel. Das reizende Schwarzwaldstädtchen lockte sie…". Im ersten Stockwerk des Gasthauses „Zur Kanne" findet sie eine Wohnung. Kaum vorstellbar heute der Umzug mit drei Kindern, im Januar bei -16°C und eingefrorenen Wasserleitungen, trotz ständig beheizter Öfen. Agnes Sapper setzt ihre schriftstellerische Tätigkeit mit wachsendem Erfolg fort. Es entstehen u.a. *Gretchen Reinwalds erstes Schuljahr* und die historische Erzählung „Kuni und ihr Pate Valentin Andreä", zu der

Salzgasse 11

sie durch den „Geist des Jahrhunderte alten Hauses, in dem wir wohnten" angeregt wurde. Ihre Bücher erscheinen im renommierten Stuttgarter Gundert Verlag. Sie erobert die jungen LeserInnen vor allem, weil sie unmittelbar und lebensnah schreibt, ohne erhobenen Zeigefinger und mit großem Humor.

Nach seinem Theologiestudium wird ihr Sohn Karl in der „gotischen Kirche aus rotem Sandstein" in Calw ordiniert. Doch nach dem Tod ihres Mannes 1898 zieht Agnes Sapper mit den Töchtern Anna und Agnes zu ihrer Mutter Pauline Brater nach Würzburg. Dort entstehen ab 1906 *Die Familie Pfäffling*, *Werden und Wachsen* sowie die Biografie ihrer Mutter *Frau Pauline Brater. Lebensbild einer deutschen Frau*. Kurz vor ihrem 77. Geburtstag stirbt Agnes Sapper am 19. März 1929 in Würzburg.

Leider sind die meisten ihrer Bücher heute nur noch antiquarisch erhältlich. *Die Familie Pfäffling* wurde im Jahr 2002 neu aufgelegt.

„Wie viel verändert sich und wie gleich bleiben sich die inneren Erlebnisse, die Gefühle der Menschen."

Elisabeth Friederike Zahn
(1771 – 1837)

Verfasserin einer Autobiografie

In ihren Lebenserinnerungen gewährt uns Elisabeth Friederike Zahn den Blick auf ein Frauenleben in Calw um 1800.

Elisabeth Friederike Zahn wurde am 18. März 1771 als Tochter von Christine, geborene Vischer, und Jakob Hasenmeier geboren. Sie erlebte eine glückliche Kindheit in einem von der Aufklärung geprägten Elternhaus. So erhielt sie eine für damalige Verhältnisse ungewöhnlich sorgfältige Ausbildung.

„Weil mein Vater keinen Knaben hatte, so fand er Freude daran, mich, sowie ich nur einigermaßen leserlich schreiben konnte, auf sein Kontor zu nehmen und Briefe kopieren zu lassen." Später arbeitete sie als Kopistin im Doertenbachschen Handelshaus.

Im Haus des Pfarrers, mit dessen Tochter sie befreundet war, lernte Elisabeth den Juristen Christian Jakob Zahn kennen. 1789 heirateten die beiden und bekamen in den folgenden Jahren zehn Kinder, von denen sechs früh starben. Da ihr Mann als Jurist kein Auskommen finden konnte, trat er als Teilhaber bei der Cottaschen Verlagsbuchhandlung in Tübingen ein. Nach der Trennung von Cotta kehrte die Familie 1798 nach Calw zurück. Christian Zahn führte die Saffianlederfabrik in

Marktplatz 1

Hirsau. Ob sie ihren Mann oder später ihren Sohn bei deren Führung unterstützte, geht aus ihren Aufzeichnungen nicht hervor.

Christian Zahn lebte von 1815 bis 1829 in Stuttgart als Abgeordneter in der württembergischen Ständeversammlung und damit fern der Familie. Elisabeth war für ihn eine geschätzte Gesprächspartnerin: „Bis zum Jahr 1823 machte ich mir sehr oft das Vergnügen, meinen lieben Mann in Stuttgart zu besuchen, was ich vor meine Pflicht hielt und weil diese Besuche uns beiden Erheiterung und Vergnügen bereiteten." Der Tod der Schwiegertochter im Wochenbett erschütterte ihre Gesundheit so stark, dass sie die Besuche in Stuttgart aufgeben musste.

1830 starb ihr Mann. Elisabeth Zahn führte seine Lebensbeschreibung fort und fügte ihre eigene Autobiografie hinzu. Unter dem Titel „Meine eigene Lebensbeschreibung meiner lieben Tochter Luise bestimmt" ist sie als Abschrift im Stadtarchiv Calw erhalten.

Elisabeth Zahn starb am 5. September 1837 in Calw.

„Unsere Trennung war kein kleines Opfer, das ich bringen musste, aber ich brachte es gern und willig."

Rosine Pauline Schlichter
(1857 – 1942)

Mutter und Näherin

Die Mutter des Künstlers Rudolf Schlichter ernährte als Witwe jahrelang ihre Kinder mit Näharbeiten.

Trotz aller erdenklichen Unterschiede – nüchterner Realitätssinn auf Seiten der Mutter, ausschweifende Phantasie und Exzentrik beim Sohn – ließ der Maler und Schriftsteller Rudolf Schlichter den Kontakt zu seiner Mutter nie abreißen. 1927, in einer Zeit, in der er in Berlin Bertolt Brecht, Oskar Maria Graf und Egon Erwin Kisch porträtierte, malte er ein Bildnis seiner Mutter als alter Frau.

Die Näherin Rosine Pauline Schlichter, geborene Schmalzried, stammte aus Esslingen und lebte mit ihrem Mann, dem Lohngärtner Franz Xaver Schlichter (1852 bis 1893) im heute verschwundenen Gartenhaus der Villa Doertenbach am Hirsauer Wiesenweg. Dort wurde am 6. Dezember 1890 Rudolf als sechstes Kind geboren. Nach dem Tod des Mannes und einer Tochter zog Rosine Pauline Schlichter 1893 mit fünf Kindern – Klara, Gertrud, Max, Franz und Rudolf – ins „Biagel" (Im Biegel) und 1895 in das Haus des Uhrmachers Louis Rist an der Nikolausbrücke, heute Hermann-Hesse-Platz.

„Nach dem Umzug", berichtet Rudolf Schlichter im ersten Band seiner Autobiografie *(Das widerspenstige Fleisch)* „fing Mutter an mit Kleidernähen das nötige Geld zu verdienen, kam oft wochenlang nicht von der Nähmaschine weg und aus der Stube heraus." Sie schaffte es so, ihre jüngeren Kinder zu ernähren, der älteste Sohn war zu dieser Zeit bereits

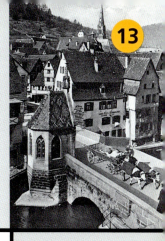

Hermann-Hesse-Platz 3

in Stuttgart in der Lehre. „Später fing das Geschäft der Mutter zu blühen an, sie bekam, da sie eine geschickte Näherin war, immer mehr Kundschaft, hauptsächlich Bauernmädchen aus der Umgebung, die in Calw in die Fabrik gingen." Gelernt hatte Rosine Pauline Schlichter ihr Handwerk in Frankreich, wo sie drei Jahre in verschiedenen Dienststellen zugebracht hatte, und zeitlebens lobte sie, voller Sympathie für das Nachbarland, die demokratischen Umgangsformen, die Höflichkeit und den feinen Geschmack der französischen Frauen.

Zugleich war sie eine äußerst streitbare Protestantin, die sich nicht scheute, den Lehrern oder Geistlichen deutlich die Meinung zu sagen, wenn sie glaubte, man habe ihre Kinder ungerecht behandelt.

Mit ihrem ausgesprochen phantasiebegabten jüngsten Sohn hatte sie freilich auch die größten Auseinandersetzungen: um seine Moral und seine Damenbekanntschaften, denn er entwickelte schon früh eine Erotomanie und den Knöpfstiefel-Fetischismus. Im Laufe der Jahre – und mit seiner wachsenden Berühmtheit – begann sie, ihn zu akzeptieren.

„*Sie kam oft wochenlang nicht von der Nähmaschine weg und aus der Stube heraus.*"

Julie Gundert
(1809 – 1885)

Missionsfrau in Indien

Julie Gundert baute zusammen mit ihrem Mann in Indien Missionsstationen auf. Dort leitete sie stets die Mädchenschulen und engagierte sich für verwitwete, unverheiratete und verlassene Inderinnen.

Schon als junges Mädchen träumte Julie Dubois, geboren am 1. Oktober 1809 in Corcelles bei Neuchâtel im Schweizer Jura, von einer Tätigkeit als Lehrerin. Da sie aus Kostengründen keine Lehrerinnenausbildung absolvieren konnte und den Beruf mit ihrem tiefen religiösen Glauben verbinden wollte, suchte sie ihren Traum im Dienste der Mission zu verwirklichen. Ungewöhnlich für eine Frau in dieser Zeit, schloss sie sich 1836 einer Gruppe um den Freimissionar Groves an. Auf der Schiffsreise nach Indien lernte sie den frisch promovierten Theologen Hermann Gundert kennen. Die beiden heirateten 1838, traten in die Basler Mission ein und bauten in den folgenden Jahren gemeinsam Missionsstationen und Schulen auf. Da Hermann Gundert der erste verheiratete Missionar in Indien war, war Julie Gundert die erste Missionsfrau dort. Ihre Wirkungsstätten lagen im Süden Indiens, in der Region Kerala. Julie leitete an verschiedenen Missionsorten, trotz rasch aufeinanderfolgender Geburten, stets die schulische Mädchenausbildung, d. h. sie lehrte junge Inderinnen Lesen und Schreiben, brachte ihnen Grundtechniken der Handarbeiten sowie Hausarbeiten bei.

Julie Gundert gebar in Indien acht Kinder, die nach und nach alle nach Deutschland in die Obhut der Großeltern in Stuttgart oder nach Basel zur Erziehung im Kinderhaus der Mission

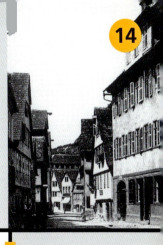
Bischofstraße 4 (um 1895)

kamen. Ab 1855 lebten die Gunderts ganz ohne Kinder in Indien.

Im Jahr 1859 erkrankte Hermann Gundert schwer und fuhr zur Erholung nach Europa. An eine Rückkehr nach Indien war aus Gesundheitsgründen nicht mehr zu denken, er nahm die Stelle als Leiter des Calwer Verlagsvereines an. Dieser hatte seinen Sitz im Haus Bischofstraße 4; auch die Wohnung des Verlagsleiters und seiner Familie befand sich dort.

Julie Gundert folgte ihrem Mann 1860 schweren Herzens nach Calw, nur ungern verließ sie Indien. Aber in Calw sah sich die gesamte Familie Gundert, Kinder und Eltern, erstmals vereint.

Julie Gundert tat sich schwer mit der Eingliederung in Calw und konnte zudem kaum deutsch sprechen. Sie suchte ihr Heil im Glauben, in den pietistischen „Stunden" und in der Krankenpflege.

Ihr Enkel Hermann Hesse charakterisierte sie später mit den Worten „asketisch streng, von leidenschaftlicher Nüchternheit, aufrecht und gerade, manchmal bis zur Starrheit".

Julie Gundert starb am 18. September 1885 in Calw und wurde im Familiengrab beigesetzt.

„Asketisch streng, von leidenschaftlicher Nüchternheit, aufrecht und gerade"
Hermann Hesse

Sophie Oelschläger
(1837 – 1891)

Zeitungsverlegerin

Bereits vor über 100 Jahren zeichnete in Calw eine Frau für Redaktion, Druck und Verlag einer Zeitung verantwortlich.

Etwa seit Anfang des 19. Jahrhunderts gab es in Calw das „Calwer Wochenblatt", eine Zeitung, herausgegeben von der „A. Oelschlägerschen Buchdruckerei". Der Sitz des Druckerei-Verlages war zunächst in der Bischofstraße, seit 1867 dann in der Lederstraße.

Der Verleger Adolf Oelschläger starb 1875 nach 18-jähriger Tätigkeit im Alter von 43 Jahren an Lungentuberkulose.

Seine Witwe Sophie Oelschläger übernahm kurzerhand den Betrieb, dessen Arbeit sie als Tochter des früheren Verlegers Gustav Rivinius und als Ehefrau des gerade verstorbenen Zeitungsherausgebers sicher gut kannte.

Selbstbewusst und selbstverständlich setzte sie ihren Namen ans Ende der Zeitung, die dreimal wöchentlich erschien: „Redaktion, Druck und Verlag von S. Oelschläger in Calw".

Sechs Jahre lang leitete sie die Redaktion, die Druckerei und den Verlag der Zeitung. In dieser Zeit stieg die Zahl der Abonnenten, und die Zeitung veränderte ihr Format und damit ihr Aussehen entscheidend.

Lederstraße 23 (um 1900)

Als sich ihre Tochter Marie Louise 1881 mit dem Kaufmann Paul Adolff verheiratete, übergab sie ihrem Schwiegersohn die Leitung der Zeitung. Warum sie dies tat, ist leider nicht mehr zu ermitteln. Unter ihrem Schwiegersohn schloss jede Ausgabe mit dem Vermerk: „Druck und Verlag der A. Oelschläger'schen Buchdruckerei. Redigiert von Paul Adolff, Calw." Es ist anzunehmen, dass Sophie Oelschläger bei Druck und Verlag weiterhin mitsprach, sich aus dem Redaktionsbetrieb aber zurückgezogen hatte.

Am 4. Februar 1891 starb Sophie Oelschläger in Paris, wo sie ihre Tochter Sophie Amalie und deren Familie besucht hatte. Sie wurde auf dem Calwer Friedhof beerdigt.

Amalia Hedwig von Leiningen
(1684 – 1756)

Mystikerin

Die Visionärin Amalia Hedwig von Leiningen verfasste fünf Deutungen der Offenbarung, eine davon im Jahr 1712 in Calw.

Im März 1713 hatte sich die Frau des Obervogts von Herrenberg vor einer herzoglichen Kommission von Theologen und Hofpredigern zu verantworten: verdächtigt als Verfasserin zweier anonym erschienener Schriften, die von der rechten lutherisch-orthodoxen Lehre abwichen. Amalia Hedwig von Leiningen bekannte sich unumwunden zu ihren ketzerischen Thesen. Die Kirche sei „eine Hur, die Christo, ihrem Mann, ungetreu geworden"; sie gebrauche die Sakramente nicht im Sinne Christi: Ein wahrer Christ „habe die äußerliche Taufe und das Nachtmahl nicht von nöten, sondern könne inwendig in seiner Seele mit dem Wasser des Geistes täglich getaufft werden". Besonderen Zorn erregte ihre pazifistische Haltung: sie predigte gegen die Kriege, die sie für „sündlich und ein Greuel von Gott" nannte, denn die Großen und Mächtigen dieser Welt benutzten ihre Untertanen „die da zertreten und sich zertreten lassen um des leydigen Geldes, Gewinnes der Lust, Pracht, Hoffart und dergleichen mehr".

Amalia Hedwig von Donop wurde am 12. Januar 1684 auf Donop / Westfalen geboren. Als 13-Jährige kam sie zur Vorbereitung auf das Abendmahl für drei Wochen ins Haus eines Predigers und Pietisten: ein karges Bildungsprogramm. 1702 heiratete sie Georg Sigmund von Leiningen, der als Obervogt im Dienste der

Lederstraße 36

Württemberger stand. Obwohl sie ihn liebte, wurde ihr als einer Asketin die Ehe bitter und sie entkam der Last der Haushaltung, indem sie „ein besseres Eheband mit Jesu Christo suchte". Ihre inneren Eingebungen, hervorgerufen durch ein Traumgesicht, brachte sie zunächst so gut sie konnte zu Papier und diktierte sie anschließend dem Hauslehrer ihres Sohnes; die Herrenberger und Calwer Separatisten, denen sie sich angeschlossen hatte, beförderten das über 100seitige Manuskript über *Das grosse Geheimnis der Offenbarung* an der Zensur vorbei außer Landes und in Druck.

1712 verbrachte sie – mit Erlaubnis des Ehemanns „weil sie eine so schlechte Schreiberin" war – ein paar Wochen in Calw, um dem Doertenbachschen Hauslehrer Wilhelm Christian Gmelin ihr zweites Buch zu diktieren. Es folgten weitere Auslegungen, da sie meinte, die geoffenbarten Wahrheiten durch den stets wachen Zweifel erneut „wiederkäuen" zu müssen; das fünfte Buch veröffentlichte 1757 postum ihr Sohn Moritz Siegfried von Leiningen mit einem vorangestellten Lebenslauf. Mit ihm verbrachte die Witwe ihre letzten Jahre auf dem Ihinger Hof bei Renningen, auch später einem Hort für Glaubensflüchtlinge. Dort starb sie am 6. Januar 1756. Im Kirchenbuch steht: „Eine gottesfürchtige Frau".

„Eine gottesfürchtige Frau"

Emilie Uhland
(1799 – 1881)

Gefährtin und Biografin

Emilie Vischer ermöglichte ihrem Mann, dem Dichter und Politiker Ludwig Uhland, eine finanziell unabhängige schriftstellerische und politische Arbeit, hatte Anteil an seinem Werk und begleitete ihn auf vielen Reisen.

Dass eine Witwe dem verstorbenen Mann ein Denkmal in Form einer Biografie setzt, ist ungewöhnlich, zumal im 19. Jahrhundert. Aber Emilie – genannt Emma – Uhland, die 1874 ein Buch über *Uhlands Leben* veröffentlichte, war eine besondere Frau.

Geboren wurde sie am 15. Mai 1799 in Calw als drittes Kind von Johann Martin Vischer, dem Chef der Floß- und Holzhandelscompagnie, und Friederike Auguste Emilie Feuerlein. Wenige Jahre zuvor hatte Vischer, dessen Familie den wohlhabenden Calwer Companieverwandten angehörte, das prächtige Wohn- und Geschäftshaus an der Bischofstraße erbaut. Als er 1801 starb, zog die Mutter mit ihren kleinen Kindern nach Stuttgart.

1814 lernte Emilie den Advokaten Ludwig Uhland (1787 – 1862) kennen; die öffentliche Verlobung erfolgte im Januar 1820, die Hochzeit am 29. Mai in der Hospitalkirche in Stuttgart. In der Biografie erwähnt sie: „Es war Uhlands Abgeordnetenzeit und er brachte den ganzen Morgen im Ständehaus zu und sogar nach der Trauung um 3 Uhr ging er noch einmal dahin zurück." Emilie Uhland nahm zeitlebens regen Anteil an seiner politischen Tätigkeit, reiste mit ihm sogar im April 1849 nach Frankfurt und verfolgte die Arbeit der Nationalversammlung bis zur Auflösung des Rumpfparlaments in Stuttgart. Ihr Tagebuch in diesen

Bischofstraße 48

Jahren verrät ein eigenständiges politisches Denken: „Die neue Zeit will mir noch wie ein Traum erscheinen. Dass Männer aus dem Volk und nicht die alten Machthaber die Staatszügel führen sollen, ist für uns lenksame Deutsche eine so neue Erscheinung!"

Das Ehepaar blieb kinderlos, und obwohl es den verwaisten Sohn eines Freundes annahm, begleitete Emilie Uhland ihren Mann auf den meisten seiner Reisen an den Rhein und den Bodensee, durch die Schweiz, nach Bayern und Straßburg, bis an die Nord- und Ostsee, sie war sogar bei den ersten Germanistentagen in Frankfurt und Lübeck dabei. Während der Trennungen schrieben sie sich lange Briefe voller anschaulicher Berichte oder besorgt: „Liebste Emma! Klettre mir nur nicht allzukühn und einsam in Burgen und Wäldern umher".

Uhlands Leben, zunächst anonym als Handschrift gedruckt, schilderte Emilie ausgehend von Korrespondenzen. Später erschien die Biografie als Buch im renommierten Verlag von Cotta, mit dem sie auch über neue Auflagen seiner Gedichtbände und die Publikation seiner wissenschaftlichen Schriften verhandelte.

> „Auf eines
> Berges Gipfel,
> Da möcht ich
> mit dir stehn,
> Auf Thäler,
> Waldeswipfel
> Mit dir herniedersehn;
> Da möcht' ich
> rings dir zeigen
> Die Welt im
> Frühlingsschein
> Und sprechen:
> wär's mein eigen,
> So wär' es mein
> und dein!"
>
> *Ludwig Uhland an Emilie Vischer zu ihrem 20. Geburtstag*

Julie, Elise und Frieda Gundert

Im Dienste der Mission

Wie auch andere Familien in Calw hatten die Gunderts eine starke Bindung zur Basler Mission. Von sieben Schwestern, die hier im Haus aufwuchsen, traten drei als Missionsbräute bzw. Krankenschwester in deren Dienst.

Im Steinhaus wuchsen als Töchter von Emma und Friedrich Gundert sieben Mädchen auf: Julie, Elise, Hildegard, Emma, Luise, Frieda und Fanny Gundert, alle Kusinen von Hermann Hesse.

Die Familie Gundert hatte seit langem eine enge Verbindung zur Basler Mission: die Großeltern der Mädchen, Julie und Hermann Gundert, waren Missionare in Indien gewesen, andere Familienmitglieder standen ebenfalls in deren Diensten.

Die Heiratspraxis der Basler Mission sah vor, dass Missionare ledig in ihre Einsatzgebiete geschickt wurden und erst später eine Ehefrau nachgeschickt bekamen. Oft kannten sich die Zukünftigen gar nicht, denn die Basler Mission fädelte die Heirat ein. Die Frauen, Missionsbräute genannt, fuhren dann per Eisenbahn, Schiff und Ochsenkarren allein und mit gespannten Erwartungen in eine unbekannte Zukunft, in eine andere Kultur, kurz in eine fremde Welt. Die Motive waren, neben der religiösen Überzeugung und dem Gefühl „Auserwählte" zu sein, auch Abenteuerlust und Flucht vor der Enge der Heimatstadt.

Steinhaus, Bischofstraße 52

Aus der Gundert-Familie ging zuerst Julie Gundert, die älteste Tochter, geboren am 27. August 1874, diesen Weg: Sie heiratete 1899 den in Kamerun (Afrika) stationierten Missionar Georg Schürle und tat mit ihm zehn Jahre Dienst in Afrika. Kaum waren sie zurück in der Heimat, starb Georg Schürle 1909. Seine Frau stand plötzlich mit ihren sieben kleinen Kindern allein da, von denen das älteste neun Jahre alt und das jüngste noch gar nicht geboren war. Julie Gundert starb 1966 in Calw.

Ihr nach machte es Elise, geboren am 23. April 1877, als sie 1901 den Indien-Missionar und Schulinspektor Immanuel Pfleiderer, den sie nur ganz flüchtig kannte, in Mangalur / Indien heiratete und mit ihm bis 1914 dort wirkte. Wieder zurück in Deutschland wurde Pfleiderer Lehrer in Esslingen.

1922 starb Elise an den Folgen eines Sturzes. Der Witwer suchte eine neue Ehefrau und Muttersatz für seine acht Kinder und heiratete 1923 seine Schwägerin Luise Gundert (1883 – 1957).

Die Schwester Frieda (1887 – 1918) wurde Krankenschwester bei der Basler Mission.

Hanna Michel
(1904 – 2002)

Familienfrau

Hanna Michel reiste um die halbe Welt in ein fremdes Land, um einen ihr unbekannten Mann zu heiraten.

Hanna Schürle wurde am 9. April 1904 in Edea / Kamerun geboren, wo die Eltern als Missionare wirkten. Während eines Heimaturlaubs starb ihr Vater an einer Tropenkrankheit; die erneut schwangere Mutter, Julie Schürle geb. Gundert, blieb daraufhin mit ihren sechs Kindern bei den Großeltern Gundert in Calw.

Nach Abschluss von Mittelschule und Nähschule wurde Hanna für ein Jahr in ein Mädcheninstitut geschickt, wo sie sich anpassen lernen sollte. Danach wurde sie als unbezahlte Hilfe in der Familie herumgereicht. Später erforderte es die Inflation, dass sie Geld verdienen musste.

Sie arbeitete in der Schweiz, lernte fremde Sprachen und reiste 1924 nach Haifa, um dort eine Stelle als Kinderfrau anzunehmen. Hanna arbeitete gern, pünktlich und zuverlässig, wenn sie aber merkte, dass man den „Herrschaften gar nichts recht machen konnte", wechselte sie entschlossen den Arbeitsplatz.

1929 kehrte sie nach Calw zurück. Ein Jahr später erreichte sie „eine Anfrage aus Brasilien, ob sie einen Hans Michel heiraten wolle, der dort Landwirtschaft betrieb." Die Entscheidung nach Brasilien zu gehen, war „eine sehr, sehr schwere Entscheidung." Bereut hat sie diese aber nie.

Steinhaus, Bischofstraße 52

Im August 1931 begann die abenteuerliche Reise nach San Bento, Brasilien, zu dem ihr noch unbekannten zukünftigen Ehemann. Hanna Michel traf einen Mann, den sie lieben konnte, der ihr half, sich in den bäuerlichen Alltag einzuleben und der ihr vertraute. Unter kritischer Kontrolle der Familie und der brasilianischen Nachbarn lernte sie, das Vieh zu versorgen und die Felder zu bestellen. Ihre beiden Söhne bereicherten ihr Leben. Die angeschlagene Gesundheit des Ehemanns, aber auch die kritische Haltung der Brasilianer den Deutschen bzw. dem nationalsozialistischen Deutschland gegenüber zwangen die Familie Michel 1938 zur Rückkehr nach Calw. Dort wurde das Steinhaus auch anderen Familienmitgliedern in den Kriegswirren vorübergehend zur Heimat. Im Jahr 1942 musste Hans Michel in den Krieg ziehen. Hanna Michel hörte nie wieder von ihrem Mann. Aber sie begegnete ihm immer wieder im Traum. Im Traum gewann sie auch die Gewissheit, dass er nicht mehr zurückkommen würde. Hans Michel gilt als vermisst.

Sie hatte drei Kinder, für die sie nun alleine sorgte. Sie nahm jede Arbeit an: in der Seifenfabrik, in der Westenfabrik, als Haushaltshilfe, als Aushilfe im Verkauf.

Sie war und blieb eine starke, temperamentvolle Frau, die sich nicht unterkriegen ließ.

> *„Sie ist ein liebes Dingle, hat aber einen starken Willen!"*
> Tagebucheintrag der Mutter kurz nach der Geburt

Catharina Heyd
(1518 – 1618)

Bürgerin

Die hochbetagte Catharina Heyd verkaufte der Stadt ihren Acker als Begräbnisplatz. Als sie wenig später im Alter von 100 Jahren starb, wurde sie als Erste auf dem neuangelegten Friedhof beigesetzt.

Im Jahre 1618 verkaufte Catharina Heyd ihren „ohnfern der großen Linde auf dem Brüel" gelegenen Acker der Stadt Calw, damit dort ein neuer Friedhof angelegt werden konnte.

Ursprünglich waren die Toten bei der Stadtkirche beigesetzt worden. Aus Platzmangel legte man im Jahr 1503 einen Friedhof bei der ehemaligen Marienkapelle an, etwa an der Stelle der heutigen Brühlturnhalle. Da es dort mit hochstehendem Grundwasser und häufigen Überflutungen Probleme gab, wurde dringend ein geeigneterer Begräbnisplatz gesucht. Da kam es der Stadt Calw sehr gelegen, dass Catharina Heyd einen Acker zum Kauf anbot.

Auf ihrem Grabstein steht: „Am 30. Oktober 1618 starb die tugendsam Frawe Catharina Heiden, welche die erste in diesem newen Gottesacker in ihrem aigen Garten begraben, welchem sie verkaufft und dargeben umb und für 50 Gulden, ihres Alters 100 Jahr, der Gott und uns allen an seinem großen und hörrlichen Tag eine frohe Auferstehung verleihen möge."

19

Grabstätte auf dem Friedhof

Wer sie war, was sie bewegte, wissen wir nicht. Sie muss jedoch eine besondere Persönlichkeit gewesen sein, da ihre Erben den Grabstein 1669 mit großem Aufwand erneuert haben. Heißt es doch im Kirchenkonventsbuch von 1850: „Auf dem hiesigen alten Friedhof befand sich eine Bildhauerarbeit nicht ohne Kunstwert, Christus am Kreuz mit Umgebung, zum Gedächtnis, wie die Inschrift auf der Kehrseite besagt, für eine Catharina Heyd." Es ist denkbar, dass es sich bei dieser Skulptur um dieselbe handelt, die heute an der Ostfassade der Stadtkirche angebracht ist.

„... welche die erste in diesem newen Gottesacker in ihrem aigen Garten begraben."

Margarita Römer
(1870 – 1954)

Arztfrau

Mit ihrem kulturellen und sozialen Engagement gab Margarita Römer als Arztfrau wichtige Impulse beim Aufbau der Römerklinik.

Als Tochter eines Reutlinger Apothekers wird Margarita Majer am 19.1.1870 in Valparaiso / Chile geboren. Nach ihrem Auslandsaufenthalt kehren die Eltern 1880 mit ihr nach Deutschland zurück. Sie ist eine gebildete junge Frau, die mehrere Fremdsprachen beherrscht, als sie 1898 den Arzt Carl Römer heiratet. Mit ihm zusammen zieht sie ein Jahr später von Cannstatt, wo er eine kleine Nervenklinik betreibt, nach Hirsau um. Im leerstehenden Gebäude der ehemaligen Saffianlederfabrik entsteht die Römerklinik.

Die Familie – aus der Ehe gehen vier Kinder hervor – bezieht das Haupthaus zusammen mit fünf Patienten. Nach und nach wird die Römerklinik ausgebaut und modernisiert; in den Sommermonaten können später bis zu vierzig Patienten aufgenommen werden. Küche und Hauswirtschaft dienen unter Leitung von Margarita Römer auch als Haushaltsschule für junge Mädchen aus der näheren Umgebung.

Im August 1914 bricht der Erste Weltkrieg aus und bereits am Ende des Monats treffen die ersten Verwundeten ein, die zum Teil in Holzbaracken im Garten untergebracht werden. Margarita Römer bietet nun nicht mehr nur Lesestunden und schulartigen Unterricht in ihren Räumen an, sondern veranstaltet eigens für die verwundeten Soldaten literarische

Hirsau, Römerklinik

Programme. So trägt sie neben der physischen Genesung auch zur Heilung der seelischen Wunden bei, die der Krieg hinterlassen hat. Von dieser „Bibliotherapie" beeindruckt, soll Königin Charlotte von Württemberg den Patienten sogar einen Theaterbesuch in Stuttgart gestiftet haben.

Als „Frau Sanitätsrat" spielt sie in der Gemeinde Hirsau eine wichtige Rolle und führt ein offenes Haus. Die Konfirmanden müssen zu einer Art Generalprobe bei ihr erscheinen und erhalten ein kleines Geschenk. Auch einen Kinderchristtag veranstaltet sie in ihren Räumen.

Nach dem Tod ihres Mannes 1934 leitet sie gemeinsam mit ihrem Sohn Helmuth die Römerklinik. Margarita Römer stirbt im Jahr 1954 in Hirsau.

„Schaffet gut und sparet au!"

Erika Römer-von Thellmann
(1902 – 1988)

Schauspielerin

Erika Römer-von Thellmann war als Künstlerin auf der Bühne und beim Film berühmt und füllte auch ihre Rolle als Arztfrau im Sanatorium und Mutter zweier Kinder aus.

Erika von Thellmann wird am 31. August 1902 in Ungarn geboren. 1913 wird ihr Vater, ein Offizier der österreichisch-ungarischen Armee, nach Ragusa (heute Dubrovnik) versetzt. Bei Kriegsbeginn flieht die Familie 1914 nach Wien und später nach Bad Cannstatt, wo sie bei Erikas Großmutter Zuflucht findet.

Familie und Lehrer werden bald auf ihr schauspielerisches Talent aufmerksam. Von der Schulbank weg wird sie als jugendliche Naive ans Schauspielhaus Stuttgart engagiert und feiert als Rautendelein in Gerhart Hauptmanns Stück *Die versunkene Glocke* einen grandiosen Erfolg. Mit der Übersiedelung nach Berlin gelingt ihr der große Durchbruch. Unter Max Reinhardt spielt sie am Deutschen Theater fast alle Hauptrollen ihres Fachs, im klassischen und modernen Repertoire.

1935 heiratet Erika von Thellmann den Arzt Helmuth Römer, der mit seiner Mutter Margarita Römer das Sanatorium in Hirsau leitet. Sie pendelt von nun an zwischen Berlin und Hirsau, spielt im Film neben Paul Hörbiger, Hans Moser, Gustav Fröhlich und Heinz Rühmann.

Erika von Thellmann mit Heinz Rühmann

Bei ihren Aufenthalten in der Römerklinik ist sie den Patienten eine wichtige Ansprechpartnerin und veranstaltet – die Tradition ihrer Schwiegermutter fortsetzend – literarische Abende, an denen sie selbst Lyrik vorträgt und singt.

Nach Kriegsende wird sie am neugegründeten Theater in Tübingen engagiert, wo sie u. a. im *Sommernachtstraum* spielt. Ab 1960 erhält sie wechselnde Engagements in Berlin, Hamburg, Düsseldorf, München und Stuttgart. Im Film ist sie 1950 an der Seite von Heinz Rühmann in *Der brave Soldat Schweijk* zu sehen. In den 70er Jahren wirkt sie bevorzugt in Kriminalstücken mit.

Mit 80 Jahren steht Erika Römer-von Thellmann zum letzten Mal auf der Bühne – „eine Virtuosin in der schweren Kunst der leichten Muse". Sechs Jahre später, am 27. Oktober 1988, stirbt sie in Hirsau.

„Eine Frau zwischen Bühne und Familie – zwischen Weltstadt und Provinz"

Annemarie Lindner
(*1920)

Unternehmerin

Annemarie Lindner ging in der Kosmetikbranche beherzt und konsequent den Weg einer erfolgreichen Geschäftsfrau.

Im November 1958 fuhren Annemarie und Walter Lindner mit dem Auto nach Calw-Altburg zu dem Zweigbetrieb des Arzneimittelproduzenten Hermann Börner, um sich als potentielle Geschäftspartner vorzustellen. Dieser suchte zur Ergänzung seiner frei verkäuflichen Arzneimittelpalette einen Kosmetikhersteller, speziell zur Belieferung von Reformhäusern. Am Abend desselben Tages war die gemeinsame Firma Börlind gegründet. So begann die Erfolgsgeschichte einer Frau, die nicht müde wurde umzusetzen, wovon sie überzeugt war.

Annemarie Lindner wurde am 22. September 1920 in Berlin-Charlottenburg geboren. In den schwierigen Vorkriegs- und Kriegsjahren bestimmten Wohnungs- und Arbeitswechsel das Leben der Familie. Während des Krieges begegnete Annemarie Lindner ihrem Mann, der ihr auch das uralte Kräuterbuch schenkte, das sie zu den ersten kosmetischen Kräutermixturen inspirierte.

Vom Erfolg ihrer Mixturen auf der eigenen Haut begeistert, machte sie im Sommer 1947 in Dresden eine Ausbildung zur Kosmetikerin. Sie reiste durch Deutschland, um naturkosmetische Präparate zu verkaufen; besonderen Wert legte sie auf die Verkaufsgespräche. Sie hielt Vorträge über Kosmetik im Rundfunk und schrieb für die Sonntagsbeilage der Leipziger

Calw-Altburg, Lindenstraße

Volkszeitung: „Ich war eine gefragte Kosmetikerin. Ich hatte große Erfolge und meine Präparate waren beliebt." Als die Verstaatlichung des Kosmetikbetriebes von Walter Lindner drohte, flohen die Eheleute Lindner 1958 in den Westen. Ein Neuanfang musste gewagt werden, diesmal in Calw. Annemarie Lindners Talente konnten sich entfalten. Ihre intensive Beratungstätigkeit an Verkaufsstandorten in der ganzen Bundesrepublik verlangte lange Zeiten der Abwesenheit von der Familie, doch sie konnte Verantwortung abgeben: So vertraute sie auf ihre Mutter, die die Familie versorgte, und auf ihren Mann, der den kaufmännischen Bereich leitete, während sie selber sich ganz den weitläufigen Außenkontakten widmete.

Unerschütterlicher Glaube an die Qualität ihrer Produkte, gute Kontakte zu Reformhäusern, gepaart mit intensiver Reise- und Beratungstätigkeit sowie unternehmerisches Geschick führten die Firma Börlind zu Wachstum und Erfolg. Schließlich wurde sie 1965 Vertragslieferantin für Neuform; damit hielten die Kosmetikserien Einzug in alle Reformhäuser. Heute werden Börlind Produkte in 30 Länder weltweit exportiert.

„Kosmetikerin, das wollte ich werden."

Auguste Supper
(1867 – 1951)

Schriftstellerin

Als „Schwarzwälder Heimaterzählerin" hatte Auguste Supper große Bucherfolge, ist heute aber wegen ihrer Nähe zu den Nationalsozialisten umstritten.

Geboren wurde Auguste Schmitz am 22. Januar 1867 in Pforzheim, aufgewachsen ist sie in Aalen und in Calw, wo ihre Eltern ab 1873 die Bahnhofsgaststätte bewirtschafteten. 21-jährig heiratete sie den Juristen Otto Heinrich Supper, zog mit ihm nach Ulm, Stuttgart und wieder nach Calw. Da hatte sie bereits ihr erstes Buch, das Epos *Der Mönch von Hirsau* (1898) veröffentlicht und schrieb an ihren Schwarzwaldgeschichten, die 1905 und 1908 unter den Titeln *Dahinten bei uns* und *Leut'* erschienen. In einem späteren Roman, *Der Gaukler,* wählte sie das mittelalterliche Calw noch einmal zum Schauplatz, die Landschaft und die Menschen der Umgebung prägten ihr Bild: „Dort – im Schwarzwald – verlebte ich Kindheit und Jugend inmitten der Berge, deren dunkle Nähe mir das Herz oft bedrückte, so daß ich mich mehr als nötig mit dem Gedanken abplagte, was wohl weit hinter den Bergen sein möchte, und ob ich es jemals ergründen würde."

Sie veröffentlichte Prosa in Zeitungen und Zeitschriften, besonders ihre Bücher waren insgesamt so erfolgreich, dass sie nach dem Tod ihres Mannes 1911 gut leben konnte.

Im Ersten Weltkrieg verherrlichte sie den Krieg in deutsch-nationaler Lyrik und in ihren Erinnerungen *Aus halbvergangenen Tagen* (1937) beschrieb sie Hitlers Machtübernahme als „das zukunftsträchtigste und bedeutungsvollste Er-

Alter Bahnhof, Bahnhofstraße 65

eignis meiner Lebenszeit". Das Regime dankte ihr mit der Ehrensenatorwürde und dem Schwäbischen Dichterpreis. Noch im April 1945 stand sie zu den braunen Machthabern und zeigte auch später keine Reue oder Einsicht. In der Anklageschrift der Spruchkammer hieß es, sie sei „eine fanatische Nationalsozialistin gewesen, die in ihren Schriften Adolf Hitler und den NS verherrlichte". Nach Kriegsende wollten auch die vorher so gut an ihr verdienenden Verlage Bertelsmann, Gütersloh, und Eugen Salzer, Heilbronn, nichts mehr mit ihr zu tun haben. Einzig ihre *Schwarzwaldgeschichten* wurden 1954 von J. F. Steinkopf noch gedruckt, mit einem Vorwort, das frühe Äußerungen von Theodor Heuss über sie zitiert: „Sie hat einen höchst ausgebildeten Sinn für den natürlichen Schönheitsausdruck der Dinge und Begebenheiten. ... Sie ist unsentimental, schlicht und kräftig wie ihre Leute vom Wald." Inzwischen ist auch über ideologisch unverfängliche Texte die Zeit hinweggegangen. Am 14. April 1951 starb Auguste Supper in Ludwigsburg, wo sie seit 1924 gelebt hatte.

1963 wurde im Calwer Stadtteil Alzenberg nach einstimmigem Gemeinderatsbeschluss eine Straße nach Auguste Supper benannt. Die Überlegungen der SPD-Fraktion 1994, einen Antrag zur Umbenennung der Straße zu stellen, wurden nicht weiter verfolgt.

> „Die Kunst der Supper ist Heimatkunst."
>
> *Josef Hofmiller*

Massenvergewaltigungen
in Calw am Kriegsende

Bericht einer Zeitzeugin

Im April 1945 wurde die so genannte Befreiung für viele Calwer Frauen zum Alptraum.

Der 15. April 1945 hat sich den Calwerinnen als ein Tag des Schreckens im Gedächtnis eingeprägt. Zu tief sitzen die Verletzungen, die ihnen an diesem und den folgenden Tagen zugefügt worden sind.

An jenem 15. April 1945 fielen französische Truppen in die Stadt Calw ein. Es sollte ein Akt der Befreiung von der Nazi-Diktatur werden, wurde für die Calwerinnen indes zum Alptraum.

Drei Tage lang, so lauteten die Anweisungen, mussten alle Türen in der Stadt unverschlossen bleiben. Solange hatten die zumeist marokkanischen Kolonialsoldaten freien Zugang und das Recht, sich zu nehmen oder zu zerstören, was sie wollten. Hühner und Hasen waren nach den Worten der damals 13-jährigen Zeitzeugin Erika H. vorrangige Objekte der Begierde, sie wurden in den Häusern geschlachtet, zubereitet und gegessen. Auch Katzen haben die „Befreier" dabei angeblich nicht verschmäht. Die Soldaten stillten aber nicht nur ihren Hunger, sie stürzten sich auch auf die Frauen.

Die damals in der Nähe des Krankenhauses wohnhafte Erika H. blieb wohl unversehrt, musste aber zusehen, wie die Frauen ihrer Umgebung aufs Schlimmste missbraucht und vergewaltigt wurden. Sie berichtet beispielsweise von sechs Soldaten, die sich Zugang zu dem Haus verschafften, in dem sie damals mit

Krankenhaus, Eduard-Conz-Straße 6

ihren Eltern sowie einer jungen Frau, deren Mann im Krieg war, lebte. Vier Männer nahmen der Frau ihr erst wenige Wochen altes Baby aus den Armen und zerrten sie in das Schlafzimmer. Der Vater von Erika H. versuchte, die Soldaten von ihrem grausigen Vorhaben abzuhalten, wurde jedoch, zusammen mit der restlichen Familie, aus dem Haus vertrieben. „Die Schreie aus dem Schlafzimmer vergesse ich nie", erklärt die heute 69-jährige Zeitzeugin. Im benachbarten Haus wurde eine damals 50-jährige Haushälterin vergewaltigt, ein paar Häuser weiter richteten die Männer ein damals 14-jähriges Mädchen so übel zu, dass es fast verblutete.

Hilfe erhielten die Frauen im Krankenhaus. Dort wurden sie medizinisch versorgt und dort fanden auch unversehrt Gebliebene, wie Erika H., Unterschlupf und Verpflegung. Hier erfuhr sie erst das ganze Ausmaß der Vergewaltigungszüge. Nicht nur die Frauen sämtlicher Häuser an der Stuttgarter Straße wurden vergewaltigt, es gab in der ganzen Stadt wohl kein Haus, in dem nicht mindestens eine Frau Opfer der Soldaten geworden ist. Erika H. weiß, dass das Thema bis heute nicht aufgearbeitet worden ist: „Man hat darüber nicht gesprochen."

„Man hat darüber nicht gesprochen."

Das KZ-Außenkommando Calw

Im Jahr 1945 arbeiteten 199 jüdische Frauen unter Zwang bei der LUFAG und produzierten Rüstungsmaterial.

Am Kriegsende wurde in Calw eine Außenstelle des Konzentrationslagers Natzweiler / Elsaß eingerichtet. 199 jüdische Frauen wurden vom Arbeitslager Rochlitz in Sachsen hierher überstellt und in den Gebäuden der Luftfahrtgeräte-GmbH (LUFAG) von Januar bis Anfang April 1945 hinter Stacheldraht inhaftiert.

Zusammen mit anderen Zwangsarbeitern der Fabrik wurden sie in der Rüstungsproduktion eingesetzt. Lagerleitung und AufseherInnen überwachten die Frauen in jeder Minute. Die sanitären Einrichtungen waren sehr schlecht. Ärztliche Versorgung gab es nicht, bei Krankheit waren die Häftlinge auf sich selbst oder die Hilfe anderer angewiesen. Die Essensrationen waren knapp und unzureichend.

Als Anfang April 1945 die alliierten Truppen immer näher rückten, wurde das Lager aufgegeben, die Häftlinge mussten einen Evakuierungsmarsch antreten. Die Frauen wurden in Richtung Bayern getrieben, wo sie in der Nähe von Garmisch-Partenkirchen bzw. Reutte von Amerikanern befreit wurden.

An die Inhaftierten erinnert heute ein Gedenkstein, der im ehemaligen Häftlingssaal aufgestellt wurde.

An der B 296

Aus dem Brief einer ehemaligen Lagerinsassin:
„Calw war die nächste Station. Vor einem großen Gebäude warteten SS-Soldaten auf uns. Wir wurden gezählt und in einen riesigen Saal gebracht. Die Rollladen waren geschlossen, kein Licht drang von außen herein. Es gab dreistöckige Betten mit zwei dunkelgrauen Decken pro Person. Wir wussten, dass wir nichts fragen durften. Nach einiger Zeit kamen zwei SS-Soldaten mit zwei SS-Soldatinnen. Sie sprachen mit der Lagerältesten, und sie sagten uns weiter, dass wir in der Fabrik im ersten Stock arbeiten werden und dass wir mit den Aufsehern nur über die Arbeit sprechen dürfen. Ich wurde zu einer Revolverdrehbank eingeteilt. Ich musste Zylinder produzieren, einen etwa drei Zentimeter dicken Eisenstab in einer gewissen Breite aushöhlen, abschleifen und an beiden Enden ein Schraubgewinde drehen. Wir mussten auf die Hundertstel Millimeter genau arbeiten. Während der Arbeit wurden wir kontrolliert, die Fehler wurden als Sabotage deklariert, und wir bekamen verschiedene Strafen. Wir arbeiteten täglich zehn bis zwölf Stunden, nur nachts. Tagsüber gab es oft Fliegeralarm, wir konnten kaum schlafen, und es war sehr kalt im Saal."

> „Wir hatten überhaupt keinen Kontakt zur Außenwelt, wir konnten nicht einmal das Tageslicht sehen, denn die Fenster waren versiegelt und abgedunkelt." *Ehem. Lagerinsassin*

Literatur

Maria Andreä
Anna Blos, *Frauen in Schwaben. Fünfzehn Lebensbilder*. Verlag Silberburg, Stuttgart 1929
Friedrich Bran, *Maria Andreä geb. Moser. Das vorbildliche Leben von J.V. Andreäs Mutter*. Verlag Bernhard Gengenbach, Bad Liebenzell 1989
Maria Andreä – Mutter des Landes. In: Werner Raupp, *Gelebter Glaube*. Metzingen 1993

Erna Brehm
Verfolgung und Widerstand in Calw unter dem Hakenkreuz. Katalog der Ausstellung des Arbeitskreises „Lokale Zeitgeschichte Calw" und der Stadt Calw 1984
Bettina Klingel, Birgit Schaber, Susanne Spengler, Gabriele Tannert, *Fremdarbeiter und Deutsche. Das Schicksal der Erna Brehm aus Calw*. Verlag Bernhard Gengenbach, Bad Liebenzell 1984

Julie Gundert
Jutta Rebmann, *Julie Gundert. Missionarin in Indien und Großmutter Hermann Hesses*. Stieglitz Verlag, Mühlacker 1993

Anna Hafner
Hartwig Weber, *Kinderhexenprozesse*. Insel Verlag, Frankfurt a.M. 1991

Marie Hesse
Marie Hesse. *Ein Leben in Briefen und Tagebüchern*. Hrsg. von Adele Gundert. Insel Verlag, Frankfurt a.M. 1977

Marulla Hesse
Freundschaft über sieben Jahrzehnte. Rundbriefe deutscher Lehrerinnen. 1899-1968. Hrsg. von H. Jansen. S. Fischer Verlag, Frankfurt a.M. 1991

KZ-Außenkommando
Josef Seubert, *Von Auschwitz nach Calw – jüdische Frauen im Dienst der totalen Kriegsführung*. Edition Isele, Eggingen 1989

Amalia Hedwig von Leiningen
Gisela Schlientz, Die Visionärin Amalia Hedwig von Leiningen. In: *Weib und Seele. Frömmigkeit und Spiritualität evangelischer Frauen in Württemberg*. Katalog zur Ausstellung im Landeskirchlichen Museum Ludwigsburg 1998

Annemarie Lindner
Annemarie Lindner. Ein Leben für die Naturkosmetik. Haedecke Verlag, Weil der Stadt 2000

Gertrud Pfeiffer
Sabine Kienitz, *Unterwegs – Frauen zwischen Not und Norm. Lebensweise und Mentalität vagierender Frauen um 1800 in Württemberg*. Studien und Materialien des Ludwig-Uhland-Instituts der Universität Tübingen, Bd. 3, Tübingen 1989

Magdalena Sibylla Rieger
Gisela Schlientz, Die Heilige und die weibliche Schrift. Selbstzeugnisse württembergischer Pietistinnen. In: *Herd und Himmel. Frauen im evangelischen Württemberg*. Katalog zur Ausstellung im Landeskirchlichen Museum Ludwigsburg 1997/98

Agnes Sapper
Agnes Sapper-Herding, *Agnes Sapper. Ihr Weg und ihr Wirken*. Gundert Verlag, Stuttgart 1932

Rosine Pauline Schlichter
Dirk Heißerer, „*Die Stadt selbst ist außerordentlich schön." Rudolf Schlichter in Calw*. Spuren 39, Schiller-Nationalmuseum, Marbach a.N. 1998
Rudolf Schlichter, *Das widerspenstige Fleisch und Tönerne Füße*. Hrsg. von Curt Grützmacher. Edition Hentrich, Berlin 1992

Auguste Supper
Auguste Supper, *Schwarzwaldgeschichten*. Mit einem Vorwort von Erwin Ackerknecht. J.F. Steinkopf, Stuttgart 1954
Reinhard Hübsch, „Wo war noch etwas Erhebendes?" Auguste Supper und das Nationale – eine Darstellung anhand von Dokumenten. In: *Allmende 28/29*. Elster Verlag, Baden-Baden o.J.

Emilie Uhland
Ludwig Uhlands Leben. Aus dessen Nachlass und aus eigener Erinnerung zusammengestellt von seiner Witwe. J.G. Cotta'sche Buchhandlung, Stuttgart 1874
Walter Scheffler/Albrecht Bergold, *Ludwig Uhland 1787–1862. Dichter, Germanist, Politiker*. Marbacher Magazin 42 / 1987
Walter Scheffler, „Die Blüthenpracht mahnte mich recht wie er sich sonst darüber gefreut hatte" – Um Ludwig Uhlands Andenken. In: *Schwäbische Heimat 97 / 2*

Osanna Werdenberger / Beginen
Estella E. Poschmann, Facetten eines Frauenlebens in der Reformationszeit: Die ehemalige Nonne Osanna Werdenberger. In: *Nonne, Magd oder Ratsfrau. Frauenleben in Leonberg aus vier Jahrhunderten*. Bearbeitet von Renate Dürr. Leonberg 1998

Bildnachweise

Deutsches Literaturarchiv Marbach a.N.: S. 48
Franz Epping, Essen: S. 6
Galerie der Stadt Calw: S. 40
Siegfried Greiner: S. 33
Gundert-Stiftung Calw: S. 42, 50
Missionshaus Basel: S. 8
Palais Vischer, Museum der Stadt Calw: S. 30
Photo AKG Berlin: S. 26
Privat: S. 10, 11, 14, 18, 20, 24, 25, 36, 38, 52, 56, 58, 59, 60, 61
Schweizerische Landesbibliothek Bern: S. 43
Stadtarchiv Calw: S. 7, 9, 12, 13, 15, 17, 19, 21, 23, 28, 29, 31, 32, 35, 37, 39, 41, 45, 47, 49, 51, 53, 55, 57, 63, 65, 67
Städtisches Museum Ludwigsburg: S. 62